AMELIE KOWALSKI

EINFACH & LECKER
FAMILIENKOCHBUCH

Rezepte für den Thermomix®

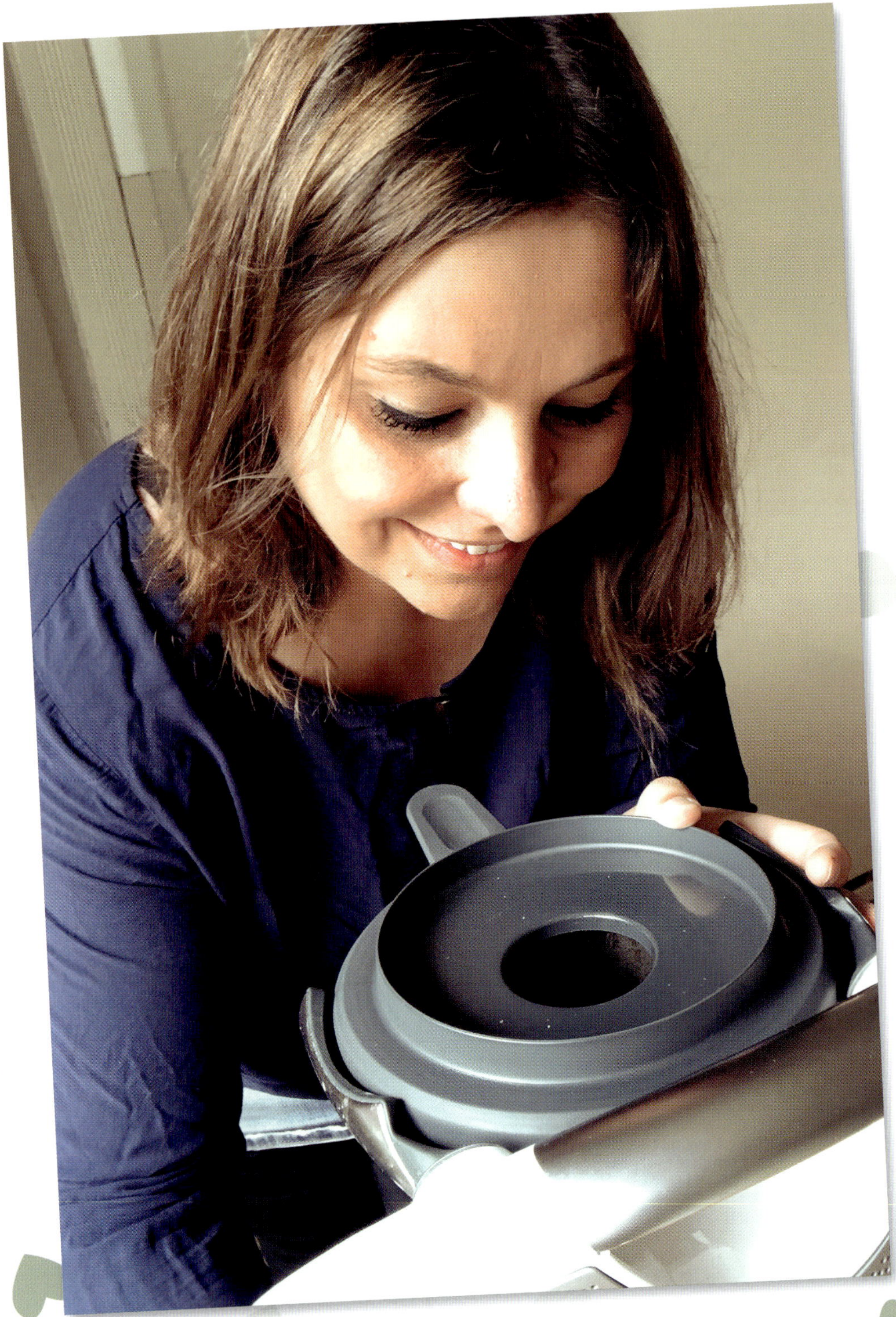

Ihr Lieben,

ich möchte euch von Herzen Danke sagen für euer immerwährendes liebes Feedback im Blog, auf den Social-Media-Kanälen oder per Mail. Ich freue mich immer sehr, wenn meine Rezepte ein Teil eures Familienalltags sind!

In diesem Buch findet ihr weitere alltagstaugliche Rezepte für die ganze Familie. Ich bleibe auch hier meiner Linie treu und mache aus einfachen Zutaten leckere Gerichte, die wieder für alle sind – egal ob Vegetarier, Veganer oder Fleischesser. Allerdings werden sie diesmal nicht ausschließlich im Thermomix gekocht, denn mein Augenmerk liegt in diesem Buch auf noch mehr Varianz. Ich möchte, dass meine Rezepte z.B. auch glutenfrei gekocht werden können, dass auch mal mehr als 4 Personen davon satt werden, Zutaten nach persönlichem Geschmack getauscht oder zugegeben werden können oder auch einfach mal die leckere Soße vom Nudelrezept zu Kartoffeln oder Reis serviert wird oder andersherum. Mit diesem Buch möchte ich euch zeigen, dass Flexibilität, Kreativität und Abwechslung beim Kochen überhaupt nicht kompliziert ist, sondern einfach & lecker!

Ich wünsche euch viel Freude mit diesem Buch und hoffe, dass ihr auch hier wieder viele neue Lieblingsrezepte findet!

Eure

Amelie

P.S. Bei Fragen zu Rezepten, meldet euch bei mir per Mail: info@mix-dich-gluecklich.de

Nudeln

Pasta „Tomate-Basilikum"	6
Pasta „Paprika-Mascarpone"	8
Macaroni & Cheese aus dem Ofen	10
Nudeln in cremiger Blumenkohlsoße	12
Cheeseburger Pasta	14
Feta-Tomaten-Nudeln mit Oliven	16
Kritharaki-Topf mit Möhren, Paprika und Erbsen	18
Spinat-Maultaschen-Auflauf mit Lauch	20
Tortellini in Knoblauchsoße mit Pilzen	22

Kartoffeln

Bratwurstgeschnetzeltes mit Kartoffelstampf	24
Backkartoffeln mit Brokkoli-Käse-Talern	26
Schnelle Schupfnudel-Gemüse-Pfanne	28
Paprika-Sahne-Kartoffeln mit Geschnetzeltem	30
Kartoffel-Blumenkohl-Topf mit Linsen & Tomaten	32
Spinat-Erbsen-Gnocchi in cremiger Soße	34
Mediterrane Kartoffeln mit Paprika, Zucchini und Feta	36
Schupfnudeln mit Rahmkohlrabi und Bratwurstklößchen	38
Ofengemüse mit Kartoffeln und Dip	40

Reis

Gyros Risotto	42
Erdnuss-Paprika-Geschnetzeltes	44
Asia Pfanne	46
Grüner Reistopf	48
Mais Risotto mit Würstchen	50
Rotes Thai Curry	52
Lauch-Möhren-Geschnetzeltes mit Reis	54
Sushi-Bowl	56
Griechische Bohnen mit Reis	58

Suppen & Eintöpfe

Kohlrouladen-Eintopf	60
Vegetarische Linsensuppe	62
Süßkartoffel Chili	64

INHALT

Spinat-Lauch-Suppe mit Omelett-Streifen & Reis	66
Cremige Gnocchi-Tomatensuppe	68
Asia Nudelsuppe	70

Salate

Brotsalat griechische Art	72
Brokkoli-Nudelsalat	74
Caesar Salad „Taco-Style"	76
Curry Krautsalat	78

Herzhaft Backen

Gyros Stromboli	80
Flammkuchen Fladenbrot	82
Hot Dog Ring	84
Cheeseburger Pizza mit Käse-Rand	86

Dessert

Affen-Creme	88
Kokos-Traum mit Himbeeren & weißer Schokolade	90
Kirschgrütze mit Vanillesoße	92
Zitronen-Waffel-Dessert	94

Kuchen

Salzbrezel Käsekuchen	96
Zimtschnecken-Kranz mit Frosting	98
Schoko-Mandelkuchen	100
Schnelle Apfel- & Kirschtaschen	102

Fleischersatz

Hackersatz aus Kidneybohnen	104
Fleischersatz Hähnchen Art	106
Fleischersatz für Gyros	108
Veggie-Bratwurst selbst gemacht	110

Sonstiges

Das alles gibt's von Amelie	112
Impressum	115

PASTA
„Tomate-Basilikum"

ZUTATEN

500 g Nudeln nach Wahl
1 Zwiebel
2 Knoblauchzehen
500 g Cocktailtomaten
30 g Öl
200 g aufgefangenes Nudelwasser

200 g Frischkäse oder Creme Vega
1 EL ital. Kräuter (TK)
oder 1 TL ital. Kräuter (getrocknet)
etwas Salz
etwas Pfeffer
Basilikumblätter von ca. ½ Topf

ZUBEREITUNG

SCHNELL, SIMPEL UND SEHR LECKER!

Nudeln in Salzwasser auf dem Herd nach Packungsanweisung kochen, danach abgießen, aber 200 g Nudelwasser auffangen, es wird für die Soße benötigt.

Zwiebel und Knoblauch abziehen und in Stücken in den Mixtopf geben, **5 Sek./Stufe 5** zerkleinern.

Tomaten halbieren. Die Hälfte der Tomaten und das Öl zugeben, **4 Min./Varoma/Stufe 1** dünsten.

Restliche Tomaten sowie Nudelwasser, Frischkäse und Kräuter zugeben, mit dem Spatel unterrühren und mit Salz und Pfeffer abschmecken.

Die Nudeln mit der Soße vermischen, die Basilikumblätter je nach Größe klein schneiden oder ganz lassen und mit den Nudeln vermischen, sofort servieren.

4 Portionen ca. 15 Min.

PASTA
„Paprika-Mascarpone"

ZUTATEN

500 g Nudeln nach Wahl
1 Zwiebel
1 Knoblauchzehe
20 g Öl
1 Glas geröstete Paprikaschoten in Öl
(280 g, ca. 200 g Abtropfgewicht)
50 g Tomatenmark
100 g Wasser
½ TL Salz
½ TL Gemüsebrühepulver oder -paste
1 EL ital. Kräuter (TK)
oder 1 TL ital. Kräuter (getrocknet)
80 g Mascarpone
oder veganer Mascarpone-Ersatz
200 g Milch oder Pflanzenmilch

TIPP: „Restliche Mascarpone z.B. beim Zitronen-Waffel-Dessert verwenden und einen Teil Magerquark damit ersetzen."

ZUBEREITUNG

4 Portionen — 15 Min.

Nudeln auf dem Herd nach Packungsanweisung kochen.

Zwiebel und Knoblauchzehe abziehen und in Stücken in den Mixtopf geben. **5 Sek./Stufe 5** zerkleinern. Öl zugeben, **2,5 Min./Varoma/Stufe 1** dünsten.

Paprikaschoten gut abtropfen lassen, in den Mixtopf geben. Tomatenmark, Wasser und Gewürze zugeben, **10 Sek./Stufe 6** zerkleinern, danach **6 Min./90 °C/Stufe 1** erhitzen. Mascarpone und Milch zugeben, **15 Sek./Stufe 10** pürieren.

Nudeln abgießen, mit der Soße vermischen und sofort z.B. mit frischen Kräutern bestreut servieren.

MACARONI & CHEESE
aus dem Ofen

ZUTATEN

1 Zwiebel
1 Knoblauchzehe
20 g Öl
500 g Wasser
500 g Milch oder Sojamilch
1,5 TL Salz
1,5 TL Senf
100 g Sahne, Kochsahne (10 % Fettgehalt) oder Sojacuisine
2 EL Speisestärke
etwas Pfeffer
2 EL ital. Kräuter (TK)
oder 2 TL ital. Kräuter (getrocknet)
500 g kurze Makkaroni
200 g geriebener Käse (Cheddar oder veganer Käse-Schmelz)

OHNE VORKOCHEN DER NUDELN!

ZUBEREITUNG

Backofen auf 200 °C Ober-/Unterhitze (180 °C Umluft) vorheizen.

Zwiebel und Knoblauchzehe abziehen und in Stücken in den Mixtopf geben. 5 Sek./Stufe 5 zerkleinern.

Öl zugeben, 2,5 Min./Varoma/Stufe 1 andünsten. Restliche Zutaten, bis auf Käse und Nudeln, zugeben. 10 Min./90 °C/Stufe 2 erhitzen.

Makkaroni in eine Auflaufform geben.

Käse mit dem Spatel in die Soße rühren, dann sofort zu den Nudeln in die Auflaufform geben und vermischen. 40 Minuten backen.

4–6 Portionen ca. 55 Min.

NUDELN
in cremiger Blumenkohlsoße

ZUTATEN

4 Portionen ca. 20 Min.

500 g Nudeln nach Wahl
1 Zwiebel
2 Knoblauchzehen
20 g Öl
350 g Blumenkohlröschen (frisch oder TK)
200 g Milch
170 g Wasser

1 TL Gemüsebrühepulver oder -paste
½ TL Salz
1 kleine Msp. Muskat
etwas Pfeffer
80 g geriebenen Käse (Parmesan, Gouda oder veganer Käseschmelz)
1 EL Kräuter (z.B. 8-Kräuter, TK)

ZUBEREITUNG

Nudeln auf dem Herd in Salzwasser nach Packungsanweisung kochen.

Zwiebel und Knoblauchzehen abziehen und in Stücken in den Mixtopf geben. 5 Sek./Stufe 5 zerkleinern.

Öl zugeben und 2,5 Min./Varoma/Stufe 1 andünsten.

Blumenkohlröschen zugeben, 15 Sek./Stufe 10 zerkleinern.

Milch, Wasser, Gemüsebrühepulver, Salz, Muskat und Pfeffer zugeben, 12 Min./100 °C/Stufe 1 kochen. Anschließend 30 Sek./Stufe 10 pürieren.

Käse und Kräuter zugeben und mit dem Spatel unterrühren. Abgegossene Nudeln mit der Soße vermischen und sofort servieren.

TIPP

„Wer möchte, kann noch 200 g gewürfelten Kochschinken oder Veggie-Schinkenspicker mit dem Käse zur Soße geben."

Cheeseburger PASTA

NUDELN

ZUTATEN

Für das Hack:
2 Pck Veggie-Hackersatz à 180 g
ODER 300 g Kidneybohnen-Hackersatz
mit kernigen Haferflocken (Rezept S. 104)
ODER 300 g echtes Hackfleisch,
Salz und Pfeffer

Für die Nudeln und Gemüse:
1500 g Wasser, 250 g Cocktailtomaten, 1 Paprikaschote,
500 g Nudeln nach Wahl, 1 TL Salz

Für die Soße:
2 Zwiebeln, 1 Knoblauchzehe, 20 g Öl,
180 g Frischkäse oder Creme Vega,
200 g aufgefangene Garflüssigkeit, 1 TL Senf,
50 g Ketchup oder Tomatenmark,
1 TL Paprikapulver edelsüß,
1 TL Salz, Pfeffer

Außerdem:
100-150 g geriebenen Käse
(Gouda, Cheddar oder
veganer Käse-Schmelz),
3-4 Cornichons

KETCHUP IST GESCHMACKLICH AUTHENTISCHER

ZUBEREITUNG

Wasser in den Mixtopf geben, Cocktailtomaten halbieren, Paprikaschote in mundgerechte Stücke schneiden und beides im Varomabehälter und auf dem Einlegeboden verteilen, Schlitze unten freilassen (z.B. mittig einen Dessertring reinstellen), damit der Dampf nach oben kommt. 10 Min./Varoma/Stufe 1 erhitzen.

Währenddessen das Hack in der Pfanne braten und nach Geschmack mit Salz und Pfeffer würzen.

Nudeln und Salz in das Wasser im Mixtopf geben (lange Nudeln in der Mitte durchbrechen), Varoma wieder aufsetzen und 10-13 Min./Varoma/Linkslauf/Stufe 1 nach Packungsangabe der Nudeln kochen.

TIPP „So werden Nudeln und Gemüse warmgehalten."

Varomabehälter ohne Deckel und Einlegeboden auf eine größere Schüssel stellen, um Nudelwasser aufzufangen, ggf. Dessertring entfernen. Nudeln in den Varomabehälter gießen, Einlegeboden daraufstellen, Deckel darauflegen.

Zwiebeln und Knoblauchzehe abziehen und in Stücken in den Mixtopf geben, 5 Sek./Stufe 5 zerkleinern.

Öl zugeben und 2,5 Min./Varoma/Stufe 1 erhitzen.

Restliche Zutaten für die Soße zugeben, 5 Sek./Stufe 5 vermischen.

Nudeln, Gemüse und Soße mischen, dann erst den geriebenen Käse unterrühren, anschließend die in Scheiben geschnittenen Cornichons sowie das Hackfleisch. Mit Salz und Pfeffer abschmecken und sofort servieren.

4 Portionen ca. 25 Min.

FETA-TOMATEN-NUDELN
mit Oliven

RUCK-ZUCK-GERICHT!

ZUTATEN

Für die Nudeln:
500 g Nudeln nach Wahl

Für die Soße:
1 Zwiebel
2 Knoblauchzehen
30 g Öl
30 g Mehl (Type 405, 550 oder 630)
400 g Milch oder Pflanzenmilch
1 TL Thymian (getrocknet)
½-1 TL Salz
180 g Feta oder veganen Feta-Ersatz
300 g Cocktailtomaten
80 g Oliven, optional
Salz und Pfeffer

TIPP „Auch lecker mit Rosmarin!"

ZUBEREITUNG

Nudeln auf dem Herd in Salzwasser nach Packungsanweisung kochen.

Währenddessen Zwiebel und Knoblauchzehen abziehen und in Stücken in den Mixtopf geben, 5 Sek./Stufe 5 zerkleinern.

Öl zugeben, 2,5 Min./Varoma/Stufe 1 dünsten.

Mehl zugeben, 2 Min./100 °C/Stufe 1 erhitzen.

Milch, Thymian und Salz zugeben, mit dem Spatel einmal am Boden entlanggehen und die Mehlschwitze lösen, dann 7 Min./90 °C/Stufe 4 erhitzen.

Feta zerkrümeln, Cocktailtomaten in Scheiben oder Viertel schneiden, Oliven in Scheiben schneiden oder am Stück lassen, alles zugeben, mit dem Spatel unterrühren.

Soße mit den Nudeln vermischen, abschmecken und servieren.

4 Portionen ca. 15 Min.

KRITHARAKI-TOPF
mit Möhren, Paprika und Erbsen

PERFEKTES KINDERESSEN!

NUDELN

ZUTATEN

Für den Nudel-Topf:
1 Zwiebel
1 Knoblauchzehe
20 g Öl zugeben
300 g Möhren
2 rote Spitzpaprika
550 g Wasser
200 g Schlagsahne, Kochsahne (10 % Fett)
oder Sojacuisine
1 TL Gemüsebrühepulver oder -paste
½-1 TL Salz
1 TL Currypulver
½ TL Paprikapulver edelsüß
1 TL ital. Kräuter (getrocknet)
etwas Chili (optional z.B. am Tisch zugeben)
etwas Pfeffer
300 g Kritharaki Nudeln (12-13 Min. Kochzeit)
150 g Erbsen (TK)

Außerdem zur Deko:
etwas Schmand
Frische Kräuter

Variante

„Erbsen weglassen und statt einer Zwiebel einfach einen Bund Frühlingszwiebeln nehmen und zum Schluss das Grün in Ringe schneiden und untermischen."

ZUBEREITUNG

4 Portionen ca. 20 Min.

Zwiebel und Knoblauchzehe abziehen, in Stücken in den Mixtopf geben und 5 Sek./Stufe 5 zerkleinern.

Öl zugeben und 2,5 Min./Varoma/Stufe 1 andünsten.

Möhren schälen, in Stücken zugeben und 4 Sek./Stufe 5 zerkleinern.

Spitzpaprika in mundgerechte Stücke schneiden, restliche Zutaten, bis auf Erbsen, zugeben. Mit dem Spatel durchrühren und 15 Min./100 °C/Linkslauf/Stufe 1 kochen.

Erbsen in ein Sieb geben und mit warmem Wasser übergießen, in den Mixtopf geben und 2 Min./100 °C/Linkslauf/Stufe 1 mitkochen. Kurz ziehen lassen. Dann abschmecken und mit einem Klecks Schmand und Kräutern bestreut servieren.

SPINAT-MAULTASCHEN-AUFLAUF *mit Lauch*

ZUTATEN

2 Stangen Lauch
1 Knoblauchzehe
30 g Öl zugeben
200 g Schlagsahne, Kochsahne (10 % Fettgehalt) oder Sojacuisine
180 g Frischkäse oder 150 g Creme Vega
220 g Milch oder Pflanzenmilch
1 EL Gemüsebrühepulver oder -paste
1/2 TL Salz
¼ TL Pfeffer

3 Pck. Spinat-Maultaschen à 300 g (Kühlregal)
3-4 Scheiben Käse (Gouda oder veganer Käse-Ersatz)

TIPP: „Wer keinen Lauch mag, der kann auch einfach 2-3 Handvoll frischen Spinat unter die Soße mischen, bevor sie über die Maultaschen kommt."

ZUBEREITUNG

Backofen auf 200 °C Ober-/Unterhitze (180 °C Umluft) vorheizen.

Lauch waschen und mit der abgezogenen Knoblauchzehe in Stücken in den Mixtopf geben, 10 Sek./Stufe 5 zerkleinern.

Öl zugeben, 4 Min./Varoma/Stufe 1 andünsten.

Restliche Zutaten, bis auf Maultaschen und Käse, zugeben, 6 Min./100 °C/Stufe 1 erhitzen.

Währenddessen die Maultaschen in Scheiben schneiden und in einer Auflaufform verteilen. Die erhitzte Soße darüber geben, anschließend die Käsescheiben in Stücken darüber verteilen.

25 Min. backen, bis der Käse schön geschmolzen ist.

4-6 Portionen ca. 40 Min.

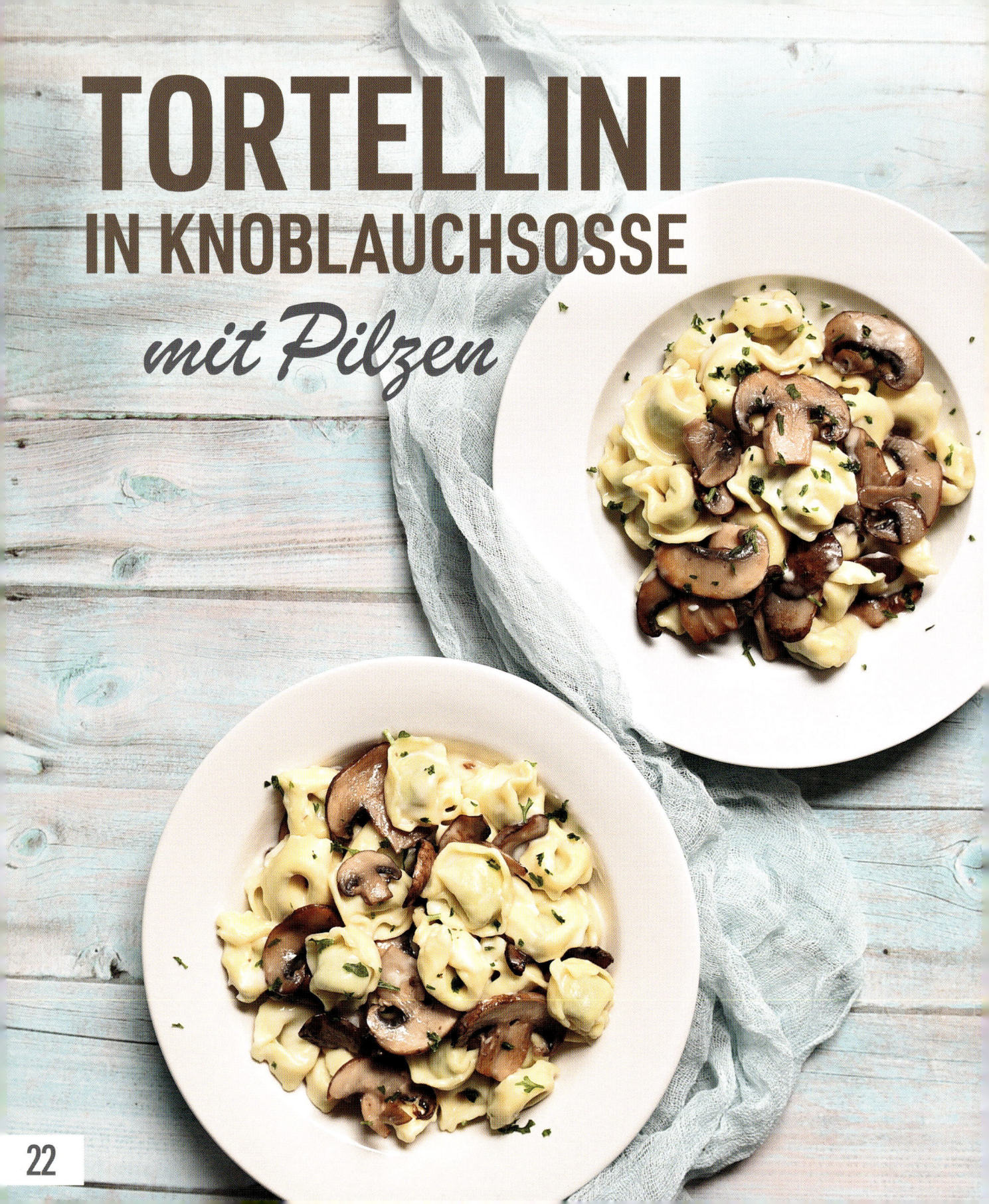

TORTELLINI
IN KNOBLAUCHSOSSE
mit Pilzen

NUDELN

ZUTATEN

Für die Soße:
1 Zwiebel
3 Knoblauchzehen
20 g Öl
200 g Wasser
200 g Milch oder Pflanzenmilch
180 g Frischkäse oder Creme Vega
1 TL Salz
etwas Pfeffer
20 g Speisestärke
1 EL gehackte Petersilie

Außerdem:
400 g Champignons oder Pfifferlinge
2 Pck Tortellini (mit Spinat- oder Käsefüllung) à ca. 400-500 g

„Schmeckt auch zu Schupfnudeln, Gnocchi oder klassischen Nudeln."

ZUBEREITUNG

Zwiebel und Knoblauch abziehen und in Stücken in den Mixtopf geben, 5 Sek./Stufe 5 zerkleinern.

Öl zugeben, 2,5 Min./Varoma/Stufe 1 andünsten.

Restliche Zutaten für die Soße, bis auf Petersilie, zugeben, 5 Sek./Stufe 5 vermischen, danach 8 Min./100 °C/Stufe 1 kochen. Petersilie mit dem Spatel unterrühren.

4-6 Portionen ca. 55 Min.

Währenddessen 400 g Champignons säubern und in dünne Scheiben schneiden. Etwas Öl in der Pfanne erhitzen, Pilze darin etwas anbraten, dann 1 Schuss Wasser in die Pfanne geben und dünsten, bis sie eine schöne Farbe angenommen haben, etwas salzen. Pilze in die fertige Soße in den Mixtopf geben, Soße mit Salz und Pfeffer abschmecken.

Tortellini auf dem Herd nach Packungsanweisung kochen.

Tortellini mit Soße mischen und servieren.

BRATWURST-GESCHNETZELTES
mit Kartoffelstampf

ZUTATEN

Für den Kartoffelstampf:
1500 g (TM31: 1300 g) Kartoffeln,
500 g (TM31: 400 g) Milch, oder Pflanzenmilch, 1 geh. TL Salz, 1 Msp. Muskat,
30 g Butter oder Margarine

Für das Bratwurstgeschnetzelte:
2 Zwiebeln, 2 Paprikaschoten,
2 Pck. Bratwürstchen à 180 g (Nürnberger ODER Veggie-Würstchen, z.B. selbst gemacht siehe Rezept S. 110),
200 g Schlagsahne, Kochsahne (10 % Fettgehalt) oder Sojacuisine
300 g Wasser, 1 TL Salz, 1-2 TL Senf,
1 TL Thymian, 1 EL Speisestärke (in etwas Wasser glattgerührt)

TIPP

„Ihr könnt sowohl mehlige als auch festkochende Kartoffeln verwenden"

ZUBEREITUNG

Schmetterling in den Mixtopf einsetzen. Kartoffeln schälen und in sehr kleinen Würfeln in den Mixtopf geben. Milch, Salz und Muskat zugeben, **35 Min./95 °C/Stufe 1 kochen (TM31: 40 Min./90 °C/Stufe 1)**. Butter zugeben, **15 Sek./Stufe 3** mixen, Schmetterling entfernen.

4-6 Portionen ca. 40-50 Min.

Währenddessen Zwiebeln klein schneiden, Paprikaschoten in mundgerechte Stücke schneiden, Bratwürstchen in Scheiben schneiden. Bratwürstchen in einer Pfanne mit etwas Öl braten, herausnehmen. Zwiebeln in die Pfanne geben, glasig dünsten, Paprikaschoten zugeben und ebenfalls dünsten. Sahne, Wasser und Gewürze zugeben und solange leicht köcheln lassen, bis die Paprikaschoten weich sind. Die Bratwurstscheiben zugeben sowie die Speisestärke. Einmal kurz aufkochen lassen und unter ständigem Rühren andicken lassen, bis es die gewünschte Sämigkeit hat.

Zusammen mit dem Kartoffelstampf servieren.

BACKKARTOFFELN
mit Brokkoli-Käse-Talern

KARTOFFELN

ZUTATEN

Für die Kartoffeln & Dip:
1-1,5 kg kleine Kartoffeln (Drillinge)
2 EL Öl
2 Becher Schmand oder Creme Vega à 150 g
2 EL Schnittlauch
etwas Salz

Für die Brokkoli-Käse-Taler:
1 Zwiebel
300 g Brokkoliröschen (frisch oder TK aufgetaut)
1 Ei (Vegan: 1 TL Johannisbrotkernmehl mit 40 g Wasser gemischt)
80 g Paniermehl
½ TL Salz
Pfeffer
1-2 Msp. Muskat
120 g geriebener Käse (Gouda oder veganer Käseschmelz)

DIE HAUPTARBEIT MACHT HIER DER OFEN!

ZUBEREITUNG

Kartoffeln: Backofen auf 220 °C Ober-/Unterhitze vorheizen. Die Kartoffeln putzen, die Schale dran lassen und gut abgetropft in eine Schüssel geben, 2 EL Öl zugeben und die Kartoffeln darin schwenken, bis sie alle leicht benetzt sind. Auf ein Backblech mit Backpapier geben und ca. 35-40 Min. backen, die Zeit variiert je nach Größe der Kartoffeln. Wenn die Schale gebräunt und die Kartoffeln innen weich sind, sind sie fertig.

TIPP
„Wer die Schale stärker gebräunt möchte, der kann den Ofen auch auf 240 °C stellen."

Dip: Schmand bzw. Creme Vega und Schnittlauch in einer Schüssel zusammenrühren und mit Salz nach persönlichem Geschmack abschmecken.

Taler: Zwiebel in Stücken in den Mixtopf geben und 5 Sek./Stufe 5 zerkleinern. Brokkoliröschen zugeben, 3 Sek./Stufe 4 zerkleinern. Die restlichen Zutaten zugeben und 12 Sek./Stufe 3 vermischen. Eine geölte, beschichtete Pfanne erhitzen und von der Masse 14 Haufen portionsweise in die Pfanne setzen, leicht flach drücken und von beiden Seiten bei mittlerer Hitze braten.

Alles zusammen servieren.

4 Portionen ca. 50 Min.

Schnelle SCHUPFNUDEL-GEMÜSE-PFANNE

KARTOFFELN

ZUTATEN

Für die Soße:
1 Bund Frühlingszwiebeln (etwas Grün für Deko lassen)
25 g Öl
3 rote mittelgroße Paprikaschoten
1 kleine Zucchini
1 mittelgroße Aubergine
200 g Wasser (ja, so wenig)
1 TL Salz
etwas Pfeffer
1 TL ital. Kräuter
½ TL Paprikapulver edelsüß
½ TL Thymian
etwas Chilipulver nach Geschmack
40 g Tomatenmark
250 g Mini-Mozzarella

Außerdem:
2 Pck Schupfnudeln à 500 g (Kühlregal)

TIPP
„Stattdessen kann man auch 200 g Feta-Käse oder veganen Feta-Ersatz zerkrümeln und untermischen."

4–6 Portionen ca. 15 Min.

ZUBEREITUNG

SCHMECKT AUCH ZU GNOCCHI, KARTOFFELN, NUDELN ODER REIS

Für die Soße die Frühlingszwiebeln in Stücken in den Mixtopf geben und 5 Sek./Stufe 5 zerkleinern. Öl zugeben und 2,5 Min./Varoma/Stufe 1 dünsten.

Paprikaschoten, Zucchini und Aubergine in mundgerechte Stücke schneiden und in den Mixtopf geben. Restliche Zutaten, bis auf den Mozzarella, zugeben, 11 Min./Varoma/Linkslauf/Stufe 1 kochen. Mozzarella unterrühren und mit den Gewürzen abschmecken.

Während das Gemüse kocht, die Schupfnudeln in der Pfanne braten. Anschließend alles vermischen, mit dem Grün der Frühlingszwiebeln garnieren und servieren.

PAPRIKA-SAHNE-KARTOFFELN
mit Geschnetzeltem

Variante

Statt Kartoffeln kann man auch Gnocchi, Schupfnudeln, Reis oder Nudeln servieren.

KARTOFFELN

ZUTATEN

Für die Kartoffeln:
1kg - 1,5 kg Kartoffeln

Für die Kartoffeln:
1 Glas gegrillte/geröstete Paprikaschoten in Öl (280 g, ca. 200 g Abtropfgewicht)
200 g Schlagsahne, Kochsahne (10% Fettgehalt) oder Sojacuisine
400 g Wasser
½ TL Salz
½ TL Paprikapulver geräuchert
20 g Speisestärke
1 EL 8-Kräuter (TK)

Für Fleischersatz/Fleisch:
2 Pck. Fleischersatz Hähnchen Art à 180 g
ODER 400 g selbst gemachter Fleischersatz siehe Rezept S. 106
ODER 400 g Hähnchenfilet (geschnetzelt)

„Fleisch/Fleischersatz kann man auch weglassen, dann die größere Menge Kartoffeln nehmen."

TIPP: „Geräuchertes Paprikapulver gibt dem Gericht das gewisse Etwas, wer es nicht hat oder mag, nimmt Paprikapulver edelsüß"

ZUBEREITUNG

Kartoffeln schälen und in Salzwasser auf dem Herd mit Deckel gar kochen.

Für die Soße die Paprikaschoten abtropfen lassen und ggf. etwas abspülen. In den Mixtopf geben und 5 Sek./Stufe 6 zerkleinern. Restliche Zutaten, bis auf die Kräuter, zugeben und 5 Sek./Stufe 5 vermischen, danach 10 Min./100 °C/Stufe 1 kochen. Kräuter mit dem Spatel unterrühren und mit Salz und Pfeffer abschmecken.

Fleischersatz oder echtes Fleisch in einer Pfanne mit etwas Öl braten, ggf. nach persönlichen Vorlieben mit Salz und Pfeffer würzen, unter die Soße mischen.

Kartoffeln mit Paprika-Sahne-Soße servieren.

**4-6 Portionen
40 Min.**

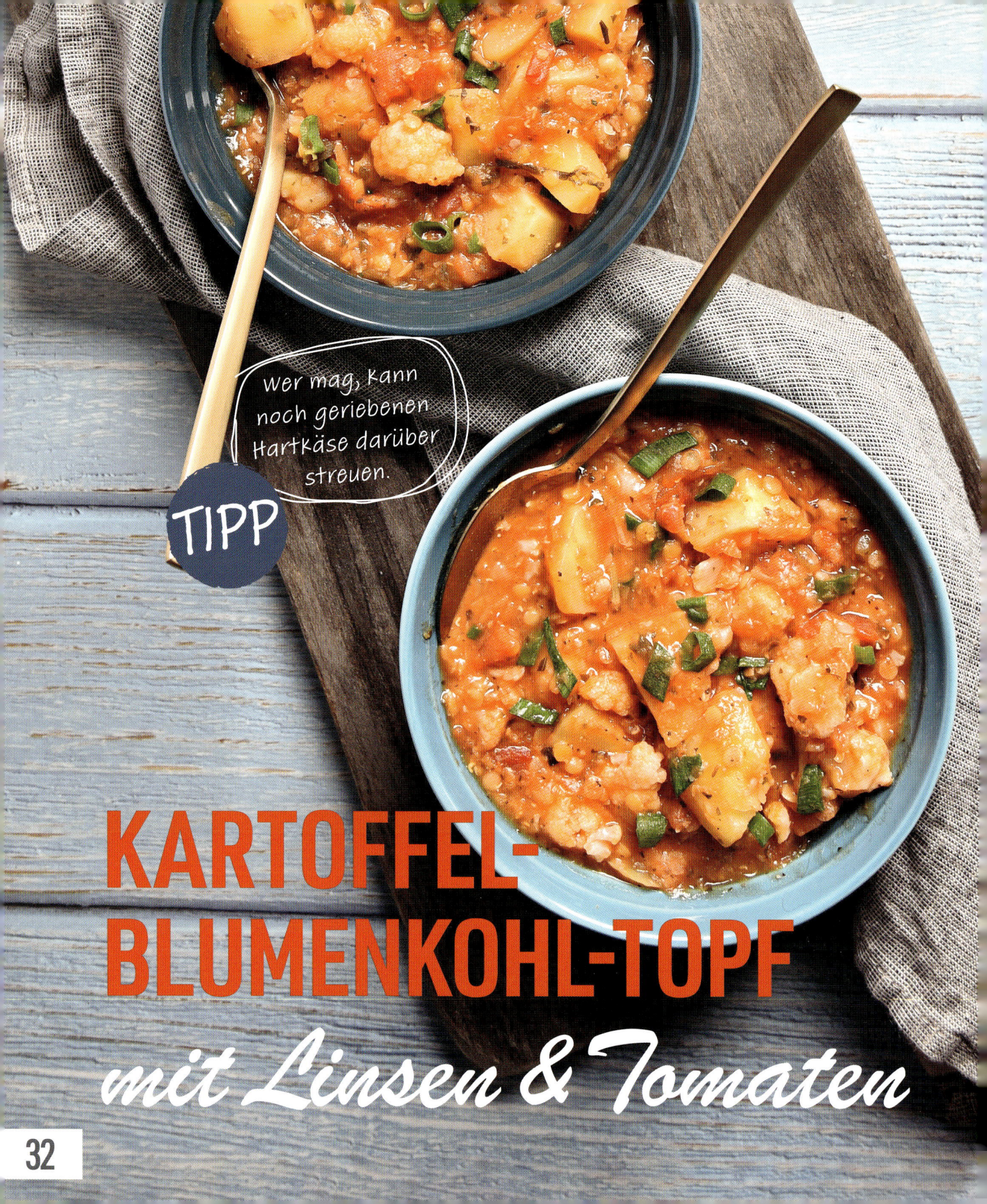

TIPP

Wer mag, kann noch geriebenen Hartkäse darüber streuen.

KARTOFFEL-BLUMENKOHL-TOPF
mit Linsen & Tomaten

KARTOFFELN

ZUTATEN

*4–6 Portionen
30 Min.*

1 Bund Frühlingszwiebeln
1 Knoblauchzehe
20 g Öl
750 g (TM 31: 600 g) festkochende Kartoffeln
350 g (TM31: 300 g) kleine Blumenkohlröschen
1 EL Gemüsebrühepulver oder -paste
½ TL Selleriesalz (alternativ normales Salz)
2 TL ital. Kräuter (getrocknet)

½ TL Paprikapulver edelsüß
½ TL Paprikapulver geräuchert (oder edelsüß)
etwas Pfeffer
40 g Tomatenmark
1 Dose Tomaten (400 g)
600 g Wasser
130 g rote Linsen (getrocknet)
10 g Speisestärke (in Wasser glattgerührt)

ZUBEREITUNG

Frühlingszwiebeln (weißen Teil) und Knoblauch in Stücken in den Mixtopf geben, **5 Sek./Stufe 5** zerkleinern. Öl zugeben und **2,5 Min./Varoma/Stufe 1** dünsten.

Kartoffeln schälen und in mundgerechte Stücke schneiden und in den Mixtopf geben. Alle weiteren Zutaten, bis auf Linsen und Speisestärke, zugeben, **5 Min./100 °C/Linkslauf/Rührstufe** erhitzen.

Linsen zugeben, **18 Min./100 °C/Linkslauf/Rührstufe** kochen.

Speisestärke zugeben, mit dem Spatel vorsichtig umrühren, **2 Min./100 °C/Linkslauf/Rührstufe** kochen.
Mit Salz und Pfeffer sowie den anderen Gewürzen abschmecken.
Den grünen Teil der Frühlingszwiebeln in Ringe schneiden und vorsichtig unterrühren.

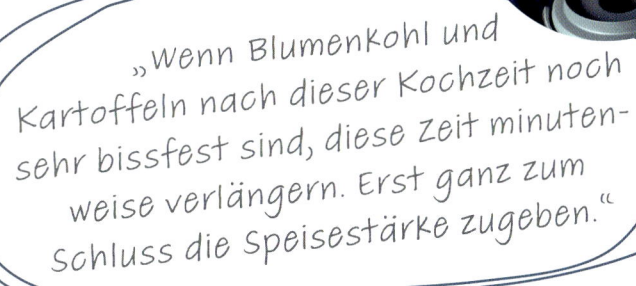

„Wenn Blumenkohl und Kartoffeln nach dieser Kochzeit noch sehr bissfest sind, diese Zeit minutenweise verlängern. Erst ganz zum Schluss die Speisestärke zugeben."

SPINAT-ERBSEN-GNOCCHI
in cremiger Soße

KARTOFFELN

ZUTATEN

1 Zwiebel
1 Knoblauchzehe
25 g Öl
600 g loser TK-Blattspinat
200 g Schlagsahne, Kochsahne (10 % Fettgehalt) oder Sojacuisine
1 TL Salz

½ TL Gemüsebrühepulver oder -paste
1 Msp Muskat
20 g Speisestärke (in Wasser glattgerührt)
300 g TK-Erbsen
200 g Feta oder veganer Feta-Ersatz
2 Pck. Gnocchi à 400–500 g

TIPP: „Ihr könnt stattdessen auch Schupfnudeln oder Kartoffeln nehmen!"

ZUBEREITUNG

Zwiebel und Knoblauch abziehen, in Stücken in den Mixtopf geben und **5 Sek./Stufe 5** zerkleinern. Öl zugeben und **2,5 Min./Varoma/Stufe 1** dünsten.

Spinat gefroren zugeben und **8 Min./Varoma/Stufe 1** auftauen.

Sahne, Salz, Gemüsebrühepulver, Muskat und Speisestärke zugeben, **5 Sek./Stufe 5** vermischen.

Gefrorene Erbsen zugeben und **10 Min./90 °C/Linkslauf/Stufe 1** erhitzen. Feta zerbröseln und zugeben.

Währenddessen Gnocchi nach Packungsanweisung kochen, anschließend mit den Spinat-Erbsen vermischen und servieren.

**4 Portionen
30 Min.**

MEDITERRANE KARTOFFELN

mit Paprika, Zucchini und Feta

KARTOFFELN

ZUTATEN

Für die Kartoffeln:
1 kg kleine Kartoffeln (Drillinge)
2 EL Öl
Salz

TIPP
„Oder 100 g Sahne mit 100 g Milch ersetzen!"

Für das Gemüse:
1 Zwiebel, 1 Knoblauchzehe,
20 g Öl zugeben, 3 rote Paprikaschoten,
1 Zucchini, 300 g Wasser,
¾ TL Gemüsebrühepulver oder -paste
200 g Schlagsahne, Kochsahne (10% Fettgehalt) oder Sojacuisine
1 TL Kräuter der Provence
15 g Speisestärke
180 g Feta-Käse oder veganer Feta-Ersatz

ZUBEREITUNG

Backofen auf 220 °C Ober-/Unterhitze vorheizen. Kartoffeln putzen und waschen, die Schale bleibt dran. Kartoffeln in Stücke schneiden, in eine Schüssel geben, Öl zugeben und die Kartoffeln darin schwenken, ggf. leicht salzen. Anschließend auf einem mit Backpapier belegten Blech verteilen und ca. 25-30 Min. backen. Die Zeit der Kartoffelgröße entsprechend anpassen.

**4 Portionen
35 Min.**

Währenddessen Zwiebel und Knoblauch abziehen und in Stücken in den Mixtopf geben. 5 Sek./Stufe 5 zerkleinern. Öl zugeben, 2,5 Min./Varoma/Stufe 1 dünsten.

Paprikaschoten in mundgerechte Stücke schneiden, Zucchini in nicht zu dünne Scheiben schneiden, beides in den Gareinsatz geben. Wasser sowie Gemüsebrühepulver in den Mixtopf geben. Gareinsatz einhängen und 15 Min./Varoma/Stufe 1 dünsten. Gareinsatz herausnehmen.

Sahne sowie Kräuter der Provence und Speisestärke in den verbliebenen Garsud geben. 5 Sek./Stufe 5 vermischen, anschließend 5 Min./100 °C/Stufe 1 kochen.

Kartoffeln, Gemüse und gewürfelten Feta mit der Soße mischen, mit Salz, Pfeffer und Kräutern abschmecken und servieren.

SCHUPFNUDELN MIT RAHMKOHLRABI
und Bratwurstklößchen

ZUTATEN

Für den Rahmkohlrabi:
2 große Kohlrabi (ca. 1 kg)
200 g Schlagsahne, Kochsahne (10 % Fettgehalt) oder Sojacuisine
200 g Wasser
1 TL Gemüsebrühepulver oder -paste
½ TL Salz
20 g Speisestärke (in Wasser glattgerührt)
1 EL Petersilie
Pfeffer

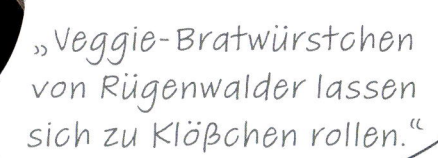

Für die Bratwurstklößchen:
2 Pck vegetarische Bratwürstchen à 180 g
ODER ca. 10 Veggie-Bratwürstchen nach dem Rezept auf S. 110 (in Scheiben geschnitten)
ODER ca. 350 g frische Bratwürstchen

Außerdem:
2 Pck Schupfnudeln à 500 g

„Veggie-Bratwürstchen von Rügenwalder lassen sich zu Klößchen rollen."

TIPP: „Stattdessen kann man auch Gnocchi nehmen oder Salzkartoffeln bzw. Reis dazukochen."

ZUBEREITUNG

Kohlrabi schälen und in mundgerechten Stücken in den Mixtopf geben. Sahne, Wasser, Gemüsebrühepulver und Salz zugeben, **13 Min./100 °C/Linkslauf/Rührstufe** kochen. Speisestärke und Petersilie zugeben, **5 Min./100 °C/Linkslauf/Rührstufe** kochen, mit Salz und Pfeffer abschmecken.

Währenddessen die Bratwürstchen in Stücke schneiden und zu Klößen formen bzw. das Brät der frischen Bratwürste herausdrücken und zu Klößen formen. Wenn sich die Veggie-Würstchen nicht formen lassen, diese in Scheiben schneiden. Klöße bzw. Scheiben in der Pfanne in Öl braten, herausnehmen.

Anschließend die Schupfnudeln in der Pfanne braten.

Bratwurstklößchen zum Kohlrabi geben und mit den Schupfnudeln servieren.

KARTOFFELN

**4–6 Portionen
20 Min.**

OFENGEMÜSE MIT KARTOFFELN
und Dip

KARTOFFELN

ZUTATEN

Für Gemüse & Kartoffeln:
600 g Kartoffeln, 2 Paprikaschoten,
400 g Cocktailtomaten, 5 rote Zwiebeln,
150 g grüne Bohnen, 1 kleine Zucchini

Für die Marinade:
40 g Öl, 40 g Wasser, ½ TL Knoblauchpulver,
1 TL geräuchertes Paprikapulver,
1 TL Salz, 1 TL Bohnenkraut

Für den Dip:
250 g Magerquark
oder pflanzliche Quarkalternative
200 g Crème fraîche, Schmand,
saure Sahne oder Creme Vega
½-1 TL Salz
1 EL Kräuter der Provence (TK)
oder 1 TL (getrocknet)

4 Portionen / 30 Min.

ZUBEREITUNG

Backofen auf 200 °C Umluft vorheizen.

Kartoffeln schälen, in mundgerechte Stücke schneiden. Paprikaschoten und Zucchini in mundgerechte Stücke schneiden, Tomaten ganz lassen. Zwiebeln achteln, grüne Bohnen in Stücke schneiden. Alles in eine Schüssel geben.

Die Zutaten für die Marinade in den Mixtopf geben und **5 Sek./Stufe 5** vermischen, das Gemüse damit durchmischen und auf ein mit Backpapier belegtes Backblech geben. **Ca. 20-30 Min.** backen, Kartoffeln zwischendurch probieren, ob sie gar sind.

Alle Zutaten für den Dip in den Mixtopf geben und **1 Min./Stufe 2** vermischen, mit Salz nach persönlichem Geschmack abschmecken.

Kartoffel-Gemüse mit Dip servieren.

GYROS *Risotto*

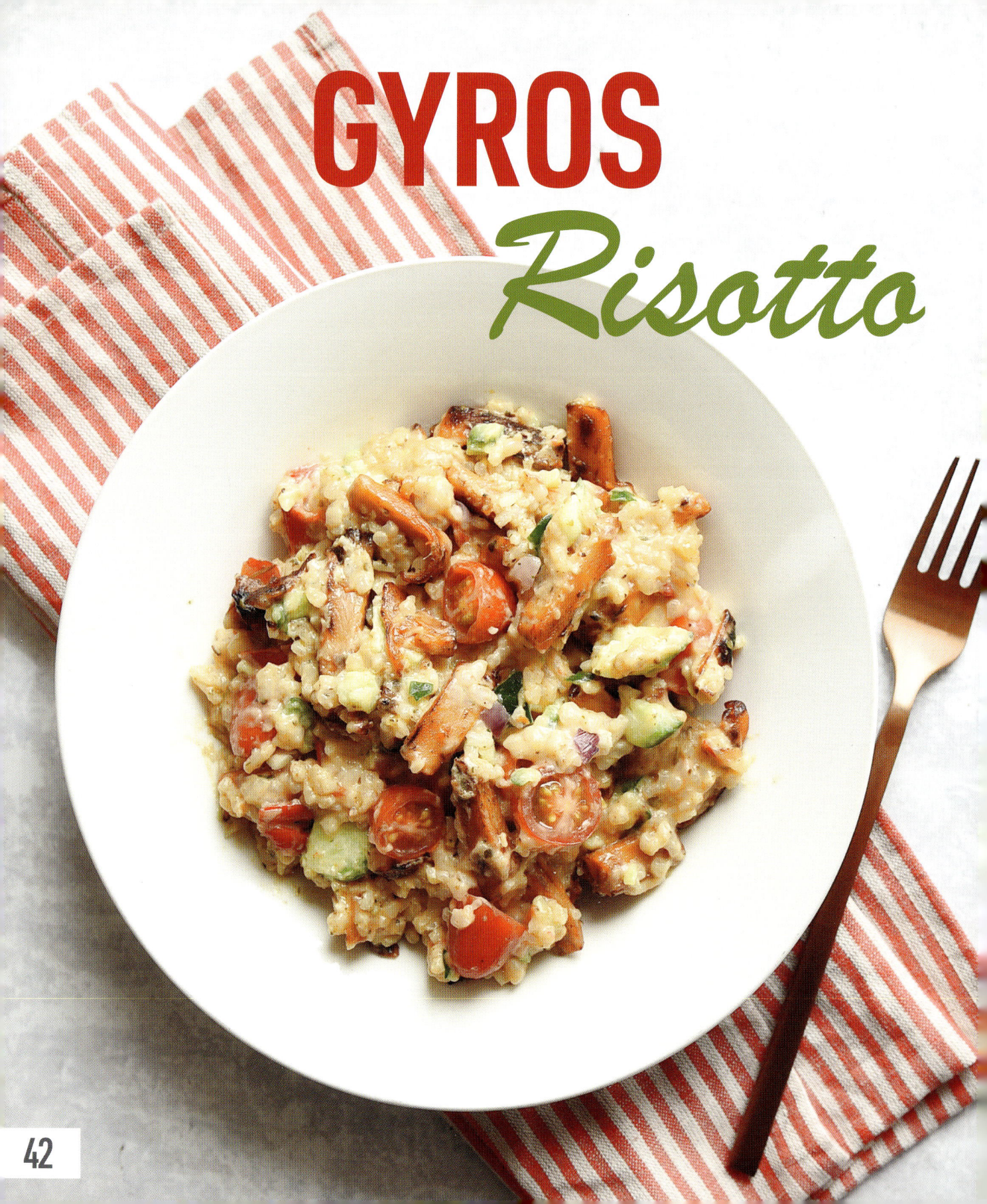

REIS

ZUTATEN

Für den Tzatziki-Frischkäse:
3 Knoblauchzehen
½ Bio Gurke (ca. 160 g entkernt gewogen)
150 g Frischkäse oder Creme Vega

Für das Risotto:
2 rote Zwiebeln
40 g Öl
250 g Risottoreis (z.B. von Alnatura)
700 g Wasser
1,5 EL Gemüsebrühepulver oder -paste
1 Paprikaschote
2 TL ital. Kräuter (getrocknet)
1 TL Paprikapulver edelsüß
¼ TL Kreuzkümmel
1 TL Salz
n.B. Chilipulver
n.B. Pfeffer
250 g Cocktailtomaten

Für das Fleisch/Ersatz:
2 Pck. Ersatz für Gyrosfleisch à 180 g
ODER selbst gemacht nach dem Rezept auf S. 108
ODER ca. 400 g fertig gewürztes Gyrosfleisch

4 Portionen
25 Min.

ZUBEREITUNG

Knoblauch in den Mixtopf geben und 5 Sek./Stufe 7 zerkleinern. Biogurke entkernen und mit Schale in Stücken in den Mixtopf geben 1 Sek./Stufe 5 zerkleinern, dann Frischkäse zugeben und 5 Sek./Stufe 3 vermischen. Umfüllen. Mixtopf spülen.

Zwiebeln abziehen und in den Mixtopf geben, 5 Sek./Stufe 5 zerkleinern. Öl zugeben und 2,5 Min./Varoma/Stufe 1 andünsten, Risottoreis zugeben, 2 Min./Varoma/Stufe 1 dünsten. Wasser und Gemüsebrühepulver zugeben, 10 Min./100 °C/Linkslauf/Stufe 1 ohne Messbecher erhitzen.

Paprikaschote in mundgerechte Stücke schneiden und mit den Gewürzen zugeben, 11 Min./100 °C/Linkslauf/Stufe 1 ohne Messbecher kochen.

Währenddessen Gyrosfleisch in der Pfanne braten. Anschließend das Fleisch mit halbierten Cocktailtomaten und dem Tzatziki-Frischkäse in den Mixtopf geben. Mit dem Spatel umrühren, mit den Gewürzen abschmecken und servieren.

ERDNUSS-PAPRIKA-GESCHNETZELTES

mit Reis

ZUTATEN

Für den Reis:
350 g Basmati-Reis, 700 g kochendes Wasser, 1 TL Salz

TIPP: „Statt Reis kann man auch Reisnudeln dazu servieren!"

Für die Soße:
100 g Erdnüsse (geröstet, ungesalzen),
4 Frühlingszwiebeln, 2 Knoblauchzehen,
1 Stück Ingwer (ca. 1 x 2 cm), 20 g Öl,
1 Dose Kokosmilch (400 ml), 200 g Wasser,
2 große rote Paprikaschoten, 40 g Sojasoße,
1 TL Currypulver, ½ TL Kreuzkümmel,
1 TL Sambal Oelek oder etwas Chilipulver,
1 TL Ahornsirup oder Honig, 1 TL Zitronensaft,
optional Zuckercoleur für die Farbe,
10 g Speisestärke (in etwas Wasser glattgerührt)

Für das Fleisch/Fleischersatz:
2 Pck Fleischersatz Hähnchen Art à 180 g
ODER 400 g Fleischersatz für
Hähnchen nach dem Rezept auf S. 106
ODER 400 g Hähnchenfilet (geschnetzelt)

ZUBEREITUNG

Reis mit Wasser und Salz in einen Topf geben und mit Deckel auf kleiner Flamme köcheln lassen, bis der Reis das Wasser vollkommen aufgesogen hat.

Erdnüsse in den Mixtopf geben und 5 Sek./Stufe 10 zerkleinern, umfüllen.

Den weißen Teil der Frühlingszwiebeln mit Knoblauch und Ingwer in den Mixtopf geben, 7 Sek./Stufe 5 zerkleinern. Öl zugeben, 2,5 Min./Varoma/Stufe 1 dünsten.

Kokosmilch, Wasser, Paprika in mundgerechten Stücken und Gewürze sowie Zuckercoleur zugeben, 8 Min./100 °C/Linkslauf/Stufe 1 erhitzen.

Gemahlene Erdnüsse zugeben, 4 Min./100 °C/Linkslauf/Stufe 1 kochen. Speisestärke zugeben und mit dem Spatel gut durchrühren, dabei dickt es direkt an. Wenn nicht, Kochzeit nochmal um 1-2 Minuten verlängern.

Fleisch oder Fleischersatz in der Pfanne braten und ggf. mit Salz und Pfeffer würzen. Danach mit in die Soße geben.

Den grünen Teil der Frühlingszwiebeln in Ringe schneiden und mit dem Spatel untermischen. Nochmal mit den Gewürzen abschmecken und mit dem Reis servieren.

4 Portionen — 20 Min.

ASIA *Pfanne*

ZUTATEN

Für den Reis:
350 g Basmati-Reis
700 g kochendes Wasser
1 TL Salz

Für die Soße:
1 Bund Frühlingszwiebeln
2 Knoblauchzehen
20 g Öl
2 Möhren
2 Paprikaschoten
1 Dose Kokosmilch (400 ml)
250 g Wasser
1 TL Gemüsebrühepulver oder -paste
2 TL gelbe Currypaste
20 g Speisestärke (in Wasser glattgerührt)
100 g Blattspinat (frisch oder TK aufgetaut)
100 g Champignons

TIPP: „Wer es scharf mag, nimmt rote Currypaste."

ZUBEREITUNG

Reis mit Wasser und Salz in einen Topf geben und mit Deckel auf kleiner Flamme köcheln lassen, bis der Reis das Wasser vollkommen aufgesogen hat.

Weißen Teil der Frühlingszwiebeln mit Knoblauch in den Mixtopf geben und 5 Sek./Stufe 5 zerkleinern. Öl zugeben, 2,5 Min./Varoma/Stufe 1 dünsten.

Möhren schälen und würfeln, Paprikaschoten in mundgerechte Stücke schneiden. Beides mit Kokosmilch und Wasser sowie Gemüsebrühepulver und Currypaste zugeben. 15 Min./100 °C/Linkslauf/Stufe 1 kochen.

Speisestärke und Blattspinat zugeben, 4 Min./100 °C/Linkslauf/Stufe 1 mitkochen.

Währenddessen Pilze in Scheiben schneiden und in der Pfanne in Öl anbraten, anschließend mit einem Schluck Wasser ablöschen und noch etwas dünsten. Pilze in die Soße geben.

Das Grün der Frühlingszwiebeln in Ringe schneiden und untermischen.

Soße mit dem Reis servieren.

4-6 Portionen ca. 25 Min.

Grüner REISTOPF

REIS

ZUTATEN

4 Portionen ca. 30 Min.

1 Zwiebel
20 g Öl
300 g Basmati-Reis
800 g Wasser
1 TL Gemüsebrühepulver oder -paste
1 TL Salz
150 g grüne Bohnen (TK)
150 g Brokkoliröschen (TK)

1 kleine Zucchini
100 g Erbsen (TK)
200 g Schlagsahne, Kochsahne (10% Fett) oder Sojacuisine
20 g Speisestärke
1 TL ital. Kräuter (getrocknet)

TIPP
„Oder einen Teil mit Milch bzw. Pflanzenmilch ersetzen."

ZUBEREITUNG

Zwiebel abziehen und in Stücken in den Mixtopf geben, 5 Sek./Stufe 5 zerkleinern.

Öl zugeben, 2,5 Min./Varoma/Stufe 1 andünsten.

Reis in den Gareinsatz einwiegen, Gareinsatz rausnehmen und den Reis unter dem Wasserhahn gut wässern.

Wasser, Gemüsebrühepulver und Salz in den Mixtopf geben, Gareinsatz mit dem Reis wieder einhängen, Deckel schließen. Mittig in den Varomabehälter einen Keksausstecher oder Dessertring stellen. Gefrorene Bohnen und Brokkoli mit heißem Wasser übergießen und im Varomabehälter um den Keksausstecher verteilen. Zucchini in kleinen Stücken auf dem Einlegeboden verteilen, gefrorene Erbsen auf die Zucchinistücke geben. Varoma aufsetzen und 20 Min./Varoma/Stufe 4 (!) dämpfen.

Varoma absetzen, Gareinsatz mit Reis herausnehmen. Den Reis in eine große Schüssel füllen, auflockern und etwas ausdampfen lassen, dann abdecken.

Garsud im Mixtopf lassen und Sahne sowie Speisestärke und Kräuter reingeben. 5 Sek./Stufe 5 vermischen, danach 8 Min./100 °C/Stufe 1 kochen.

Gemüse, Reis und Soße vermischen, mit Salz und Pfeffer abschmecken und servieren.

MAIS RISOTTO

mit Würstchen

REIS

ZUTATEN

1 Zwiebel
2 Knoblauchzehen
40 g Öl
250 g Risottoreis (z.B. von Alnatura)
700 g Wasser
1 TL Zitronensaft
1,5 EL Gemüsebrühepulver oder -paste
2 Dosen Mais à 150 g (140 g Abtropfgewicht)
6 Wiener Würstchen, z.B. echte, vegetarische Mühlenwürstchen oder aus Tofu (200 g)
2 EL ital. Kräuter (TK)
oder 2 TL ital. Kräuter (getrocknet)
100 g Frischkäse oder Creme Vega

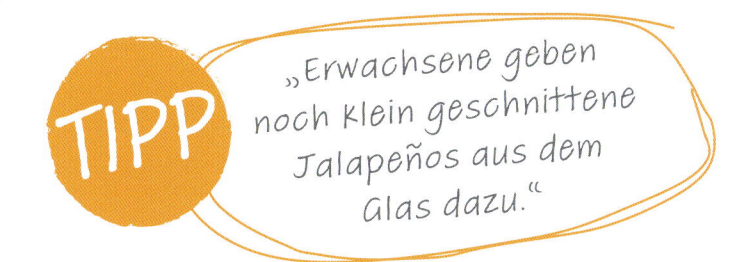

TIPP „Erwachsene geben noch klein geschnittene Jalapeños aus dem Glas dazu."

ZUBEREITUNG

Zwiebel und Knoblauchzehen abziehen und in Stücken in den Mixtopf geben. **5 Sek./Stufe 5** zerkleinern.

Öl zugeben, **2,5 Min./Varoma/Stufe 1** dünsten.

Risottoreis zugeben, **2 Min./100 °C/Stufe 1** dünsten.

Wasser, Zitronensaft und Gemüsebrühepulver zugeben, **15 Min./100 °C/Linkslauf/Stufe 1** ohne Messbecher kochen, Gareinsatz als Spritzschutz verwenden.

Mais abtropfen lassen und mit Würstchen (in Scheiben geschnitten) sowie Kräuter zugeben, mit dem Spatel einmal gut durchrühren (inkl. direkt am Boden), **5 Min./100 °C/Linkslauf/Rührstufe** ohne Messbecher mit Gareinsatz als Spritzschutz weiterkochen.

Frischkäse mit dem Spatel unterrühren.

4 Portionen ca. 25 Min.

ROTES THAI CURRY

REIS

ZUTATEN

Für den Reis:
350 g Basmati-Reis
700 g kochendes Wasser
1 TL Salz

Für das Curry:
1 Zwiebel
2 Knoblauchzehen
30 g Öl
1 Dose stückige Tomaten à 400 g
50 g Tomatenmark
200 g Kokos-Cuisine, Schlagsahne, Kochsahne (10 % Fettgehalt) oder Sojacuisine
200 g Wasser

1-2 TL rote Thai Curry Paste
1 TL Paprikapulver edelsüß
1 TL Gemüsebrühepulver oder -paste
Optional Chili
Salz und Pfeffer
1 Pck Asia Wok Gemüse (TK) à 400 g

TIPP „Wer es nicht scharf mag, nimmt gelbe Thai Curry Paste."

„Alternativ selbst eine 400 g Mischung aus Mungobohnen- und Bambussprossen, Mu-Err Pilzen, Zuckerschoten, Paprikastreifen, Karottenstreifen o.ä. zusammenstellen."

ZUBEREITUNG

**4 Portionen
20 Min.**

Reis mit Wasser und Salz in einen Topf geben und mit Deckel auf kleiner Flamme köcheln lassen, bis der Reis das Wasser vollkommen aufgesogen hat.

Zwiebel und Knoblauchzehen abziehen, in Stücken in den Mixtopf geben und 5 Sek./Stufe 5 zerkleinern.

Danach mit Öl 2,5 Min./Varoma/Stufe 1 dünsten.

Restliche Zutaten, bis auf das Asia Gemüse zugeben, 10 Sek./Stufe 5 vermischen, dann das gefrorene Gemüse zugeben und 12 Min./100 °C/Linkslauf/Stufe 1 kochen.

Mit der Curry Paste sowie Salz und Pfeffer abschmecken und mit Reis servieren.

LAUCH-MÖHREN-GESCHNETZELTES
mit Reis

ZUTATEN

Für den Reis:
350 g Basmati-Reis
700 g kochendes Wasser
1 TL Salz

Für das Gemüse:
2 Stangen Lauch
30 g Öl
500 g Möhren
600 g Wasser
2 TL Gemüsebrühepulver oder -paste
180 g Frischkäse oder 150 g Creme Vega
1/2 TL Salz
Pfeffer

20 g Speisestärke (in Wasser glattgerührt)
2 EL Petersilie

Für Fleisch/Fleischersatz:
2 Pck Fleischersatz Hähnchen Art à 180 g
ODER 400 g Fleischersatz Hähnchen Art selbst gemacht nach dem Rezept S. 106
ODER 400 g Hähnchenfilets (klein geschnitten) oder Geschnetzeltes

> „Schmeckt auch zu Kartoffeln, Gnocchi und Schupfnudeln!" **TIPP**

ZUBEREITUNG

Reis mit Wasser und Salz in einen Topf geben und mit Deckel auf kleiner Flamme köcheln lassen, bis der Reis das Wasser vollkommen aufgesogen hat.

Lauch waschen und in Stücken in den Mixtopf geben, 10 Sek./Stufe 5 zerkleinern, ggf. den Spatel dabei verwenden und während des Mixens oben durch den Mixtopfdeckel stecken.

Öl zugeben, 5 Min./Varoma/Stufe 1 dünsten.

Möhren schälen und in feine Scheiben schneiden/hobeln und mit Wasser, Gemüsebrühepulver sowie Frischkäse, Salz und Pfeffer in den Mixtopf geben, 15 Min./100 °C/Stufe 1 kochen.

Speisestärke und Petersilie zugeben, 2 Min./100 °C/Stufe 1 abbinden.

Während die Soße kocht, das Fleisch bzw. den Fleischersatz in der Pfanne braten, ggf. mit Salz und Pfeffer würzen. Anschließend zur Soße geben und nochmal mit Salz und Pfeffer abschmecken.

4–6 Portionen ca. 25 Min.

Sushi-BOWL

Als Express-Version, wenn man keine Lust zu rollen hat!

ZUTATEN

Für den Reis
500 g Sushi-Reis
1000 g Wasser
120 g Reisessig
25 g Zucker
1 TL Salz

Außerdem:
1 Pck. Algenblätter (5-8 Blätter)
2 Avocados
2 Paprikaschoten (gelb und rot)
½ Gurke
1-2 Möhren
4 EL Sojasoße
Sesam

**4-6 Portionen
30 Min. + Abkühlzeit**

Zum Servieren:
Sojasoße
Wasabi
Sushi-Ingwer
Geröstete Sesamsoße

TIPP
„Ein leckeres Rezept für geröstete Sesamsoße findet ihr auf meinem Blog!"

ZUBEREITUNG

Wasser in den Mixtopf geben, Sushi-Reis in den Gareinsatz geben und den Sushireis unter dem Wasserhahn ein paar Minuten kräftig spülen. Gareinsatz mit dem Reis in den Mixtopf hängen, Deckel schließen, 20 Min./Varoma/Stufe 4 kochen. Reis in eine große Auflaufform geben. Garflüssigkeit auskippen, Mixtopf spülen.

Reisessig, Zucker und Salz in den Mixtopf geben und 2 Min./50 °C/Stufe 2 erwärmen. Essig über den Reis geben, gut durchmischen und abkühlen lassen.

Mixtopf spülen und gut abtrocknen! Algenblätter in den Mixtopf geben und 10 Sek./Stufe 10 zerkleinern. Unter den abgekühlten Reis mischen, ggf. etwas zur Deko zurückbehalten.

Avocados entkernen und würfeln, Paprikaschoten in Streifen, Gurke in mundgerechte Stücke schneiden, Möhren schälen und mit dem Spiralschneider fein schneiden. Das Gemüse mit der Sojasoße mischen.

Reis auf Tellern verteilen, das Gemüse darauf geben, mit Sesam und Algen bestreuen und mit weiterer Sojasoße, Wasabi, Sushi-Ingwer und gerösteter Sesamsoße servieren.

GRIECHISCHE BOHNEN
mit Reis

„Statt mit Reis kann man die Bohnen auch mit Kartoffeln, Schupfnudeln oder Gnocchi servieren."

TIPP

ZUTATEN

4 Portionen ca. 25 Min.

Für den Reis:
350 g Basmati-Reis,
700 g kochendes Wasser, 1 TL Salz

Für die Bohnen:
1 Zwiebel, 1 Stange Sellerie, 20 g Öl,
2 Möhren, 200 g grüne Bohnen (TK),
1 Dose stückige Tomaten (400 g),
30 g Tomatenmark, 280 g Wasser,
1 TL Thymian (getrocknet), ½ TL Bohnenkraut,
½ TL Oregano, ½ TL Salz,
½ TL Gemüsebrühepulver oder -paste
1 Dose weiße Bohnen (255 g Abtropfgewicht)

Für das Hack:
1 Pck Veggie-Hackersatz à 180 g
ODER 150 g Kidneybohnen-Hackersatz mit kernigen Haferflocken (Rezept S. 104)
ODER 300 g echtes Hackfleisch
Salz und Pfeffer

„wer frische grüne Bohnen nimmt, muss die Garzeit hier um 5 Min. verlängern."

ZUBEREITUNG

Reis mit Wasser und Salz in einen Topf geben und mit Deckel auf kleiner Flamme köcheln lassen, bis der Reis das Wasser vollkommen aufgesogen hat.

Währenddessen Zwiebel abziehen und mit Sellerie in Stücken in den Mixtopf geben. **5 Sek./Stufe 5** zerkleinern.

Öl zugeben, **2,5 Min./Varoma/Stufe 1** dünsten.

Möhren schälen und in Stücken zugeben, **3 Sek./Stufe 5** zerkleinern.

Gefrorene Bohnen in ein Sieb geben und mit warmem Wasser übergießen, anschließend in den Mixtopf geben zusammen mit Tomaten, Tomatenmark, Wasser und Gewürzen in den Mixtopf geben und **10 Min./100 °C/Linkslauf/Stufe 1** kochen.

Weiße Bohnen abtropfen lassen, zugeben und weitere **7 Min./100 °C/Linkslauf/Stufe 0,5** mitkochen.

Das Hack in der Pfanne braten, ggf. nach Geschmack mit Salz und Pfeffer würzen und zu den Bohnen geben. Die Soße nochmal abschmecken. Mit dem Reis servieren.

Kohlrouladen-Eintopf

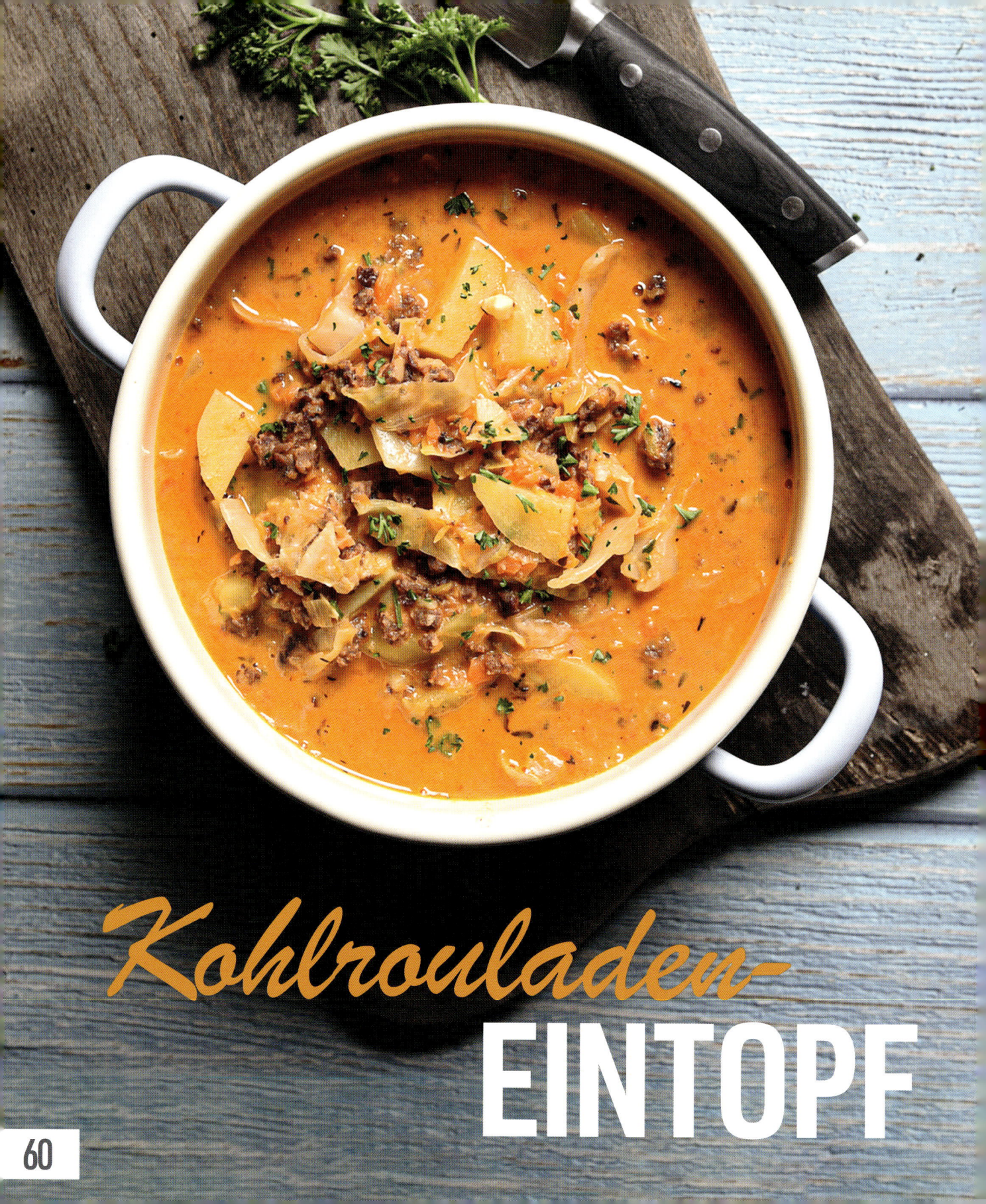

SUPPEN & EINTÖPFE

ZUTATEN

1 Bund Suppengrün à 500 g
(1 Stück Lauch, 1 Stück Sellerie, 2 Möhren, Petersilie)
1 Knoblauchzehe
30 g Öl
30 g Mehl (Type 405, 550 oder 630)
400 g (TM31: 300 g) Weißkohl oder Spitzkohl
500 g Kartoffeln (TM31: 400 g), z.B. Sorte Linda
1 TL Thymian, getrocknet
50 g Tomatenmark
1 TL Paprikapulver edelsüß
1 EL Gemüsebrühepulver oder -paste
½ TL Salz
Pfeffer
2 TL Senf
900 g (TM31: 700 g) Wasser
100 g Sahne, Sojacuisine, Kochsahne (10 % Fettgehalt) oder Milch zugeben

Für das Hack:
1 Pck Veggie-Hackersatz à 180 g
ODER 150 g Kidneybohnen Hackersatz mit kernigen Haferflocken (Rezept S. 104)
ODER 250 g gemischtes Hackfleisch

TIPP

„Je nach Größe und Sorte der Kartoffeln (Stärkegehalt) kann die Kochzeit variieren."

ZUBEREITUNG

4-6 Portionen ca. 35 Min.

Suppengrün waschen bzw. schälen und, bis auf Petersilie, mit abgezogenem Knoblauch in Stücken in den Mixtopf geben, **5 Sek./Stufe 5** zerkleinern. Öl zugeben, **4 Min./Varoma/Stufe 1** andünsten. Mehl darüber stäuben, **2 Min./100 °C/Stufe 1** anschwitzen.

Kartoffeln schälen und in mundgerechten Stücken in den Mixtopf geben. Kohl in feine Streifen schneiden und mit den Gewürzen, Tomatenmark, Senf und Wasser zugeben. Einmal mit dem Spatel am Boden entlang gehen und das Mehl lösen, anschließend **20 Min./100 °C/Linkslauf/Stufe 1** kochen. Sahne zugeben, mit dem Spatel einmal durchrühren und **5 Min./100 °C/Linkslauf/Stufe 1** kochen.

Während der Eintopf kocht, das Hack in der Pfanne mit Öl braten und nach Geschmack mit Salz und Pfeffer würzen. Anschließend zum Eintopf geben. Petersilie fein hacken, untermischen und nochmal abschmecken.

Vegetarische LINSENSUPPE

SUPPEN & EINTÖPFE

ZUTATEN

1 Zwiebel
2 Stangen Sellerie
2 Knoblauchzehen
25 g Öl
1 Dose stückige Tomaten (400 g)
800 g Wasser (TM31: 600 g)
1 Möhre
1 Paprikaschote
400 g Kartoffeln (festkochend)
1 EL Gemüsebrühepulver oder -paste
1 TL geräuchertes Paprikapulver

2 EL ital. Kräuter (TK)
oder 2 TL ital. Kräuter (getrocknet)
15 g Speisestärke (in Wasser glattgerührt)
1 Dose braune Linsen (fertig gegart, ca. 265 g Abtropfgewicht)

„Unbedingt geräuchertes Paprikapulver verwenden, das gibt der Suppe das gewisse Etwas."

**4-6 Portionen
30 Min.**

ZUBEREITUNG

Abgezogene Zwiebel und Knoblauchzehen mit Sellerie in Stücken in den Mixtopf geben, 5 Sek./Stufe 5 zerkleinern.

Öl zugeben, 2,5 Min./Varoma/Stufe 1 andünsten.

Möhre schälen und würfeln, Paprikaschoten würfeln, Kartoffeln schälen und in mundgerechte Stücke schneiden. Zusammen mit Tomaten und Wasser sowie den Gewürzen in den Mixtopf geben und 20 Min./100 °C/Linkslauf/Rührstufe kochen.

Linsen abtropfen lassen und mit Speisestärke zugeben, 5 Min./100 °C/Linkslauf/Rührstufe mitkochen.

Mit Salz und Pfeffer abschmecken und ggf. mit Kräutern bestreut servieren.

Süßkartoffel CHILI

SUPPEN & EINTÖPFE

ZUTATEN

2 Stangen Sellerie
1 Zwiebel
1 Knoblauchzehe
20 g Öl
1 große Süßkartoffel (500 g)
1 rote Paprikaschote
1 Dose stückige Tomaten (400 g)
400 g passierte Tomaten
1 EL Gemüsebrühepulver oder -paste
½ TL Kreuzkümmel
etwas Chilipulver

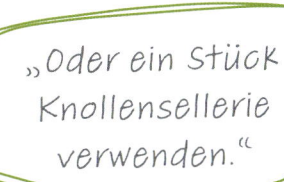

1 Dose Kichererbsen
(255 g Abtropfgewicht)
1 Dose Mais
(140 g Abtropfgewicht)

TIPP „Oder ein Stück Knollensellerie verwenden."

**4-6 Portionen
20 Min.**

ZUBEREITUNG

Sellerie mit abgezogener Zwiebel und Knoblauchzehe in Stücken in den Mixtopf geben und **5 Sek./Stufe 5** zerkleinern. Öl zugeben, **2,5 Min./Varoma/Stufe 1** dünsten.

Süßkartoffel schälen und in 2 x 3 cm Stücke schneiden. Paprikaschote in mundgerechte Stücke schneiden. Beides mit den stückigen und passierten Tomaten sowie Gewürzen in den Mixtopf geben und **12 Min./Varoma/Linkslauf/Stufe 0,5** kochen. Kichererbsen und Mais abtropfen lassen, zugeben und **5 Min./Varoma/Linkslauf/Stufe 0,5** mitkochen. Mit Salz, Pfeffer und Chili abschmecken.

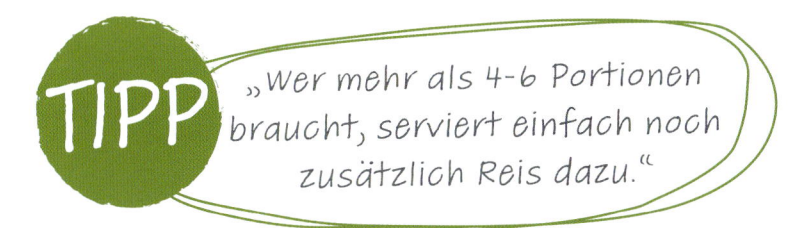

TIPP „Wer mehr als 4-6 Portionen braucht, serviert einfach noch zusätzlich Reis dazu."

SPINAT-LAUCH-SUPPE
mit Omelett-Streifen & Reis

SUPPEN & EINTÖPFE

ZUTATEN

1 dicke Stange Lauch
2 Möhren
2 Knoblauchzehen
30 g Öl
25 g Mehl (Type 405, 550 oder 630)
1000 g Wasser (TM 31: 800 g)
200 g Sahne, Kochsahne
(10 % Fettgehalt) oder Sojacuisine
150 g Baby-Blattspinat
(oder TK aufgetaut)
80 g Basmati-Reis
1 EL Gemüsebrühe oder -paste
1 TL Salz

etwas Pfeffer
1 Msp. Muskat
4 Eier, optional

TIPP

„Wer Kalorien sparen will, kann einen Teil der Sahne mit Milch ersetzen."

ZUBEREITUNG

**4 Portionen
20 Min.**

Lauch waschen, Möhren schälen, beides in Stücke schneiden und mit abgezogenem Knoblauch in den Mixtopf geben. **10 Sek./Stufe 5** zerkleinern, danach mit Öl **2,5 Min./Varoma/Stufe 1** andünsten. Mehl darüber stäuben und **2 Min./100 °C/Stufe 1** anschwitzen.

Restliche Zutaten zugeben, mit dem Spatel einmal den Bodensatz lösen, **10 Min./100 °C/Linkslauf/Stufe 1** kochen, danach weitere **3 Min./90 °C/Linkslauf/Stufe 1** köcheln lassen. Mit Salz und Pfeffer abschmecken.

Für die Omelett-Streifen die Eier verquirlen, etwas salzen und in der Pfanne in etwas Öl von beiden Seiten braten. In dünne Streifen schneiden und in die Suppe geben.

Cremige GNOCCHI-TOMATENSUPPE

SUPPEN & EINTÖPFE

ZUTATEN

1 Zwiebel
1 Knoblauchzehe
25 g Öl
2 Dosen stückige Tomaten à 400 g
400 g Wasser
½ EL Gemüsebrühepulver oder -paste
½ EL Salz
etwas Pfeffer
1 TL Zucker
2 EL ital. Kräuter (TK)
oder 2 TL ital. Kräuter (getrocknet)
60 g Tomatenmark

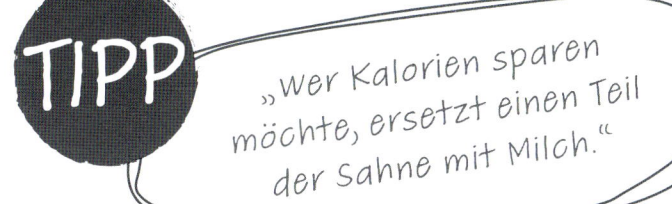

200 g Schlagsahne, Kochsahne
(10 % Fettgehalt) oder Sojacuisine
2 EL Speisestärke (in Wasser glattgerührt)
250 g Cocktailtomaten, halbiert
600 g Gnocchi
einige Basilikumblätter

TIPP „Wer Kalorien sparen möchte, ersetzt einen Teil der Sahne mit Milch."

ZUBEREITUNG

Zwiebeln und Knoblauch abziehen und in Stücken in den Mixtopf geben. **5 Sek./Stufe 5** zerkleinern.

Öl zugeben, **2,5 Min./Varoma/Stufe 1** andünsten.

Tomaten aus der Dose, Wasser, Gewürze und Tomatenmark zugeben, **8 Min./100 °C/Stufe 1** kochen.

Sahne, Speisestärke und halbierte Cocktailtomaten zugeben, mit dem Spatel einmal durchrühren. **5 Min./100 °C/Linkslauf/Stufe 1** kochen.

Gnocchi in der Pfanne braten, bis sie gar sind, anschließend in die Suppe geben, mit den Gewürzen abschmecken und mit Basilikum bestreut servieren.

4-6 Portionen
30 Min.

ASIA Nudelsuppe

SUPPEN & EINTÖPFE

ZUTATEN

100 g Erdnüsse (geröstet, ungesalzen)
1 Bund Frühlingszwiebeln
3 Knoblauchzehen
1 kleines Stück Ingwer (ca. 1 cm)
20 g Öl
1 rote Paprikaschote
1 große Möhre
150 g Brokkoliröschen (frisch oder TK)
1 Glas China-Gemüse gemischt (Bambus, Sojasprossen etc., 175 g Abtropfgewicht)
1 Dose Kokosmilch (400 ml)
700 g Wasser
1 Msp. Zimt
1 TL Paprikapulver edelsüß
1 TL Kurkuma
½ TL Currypulver
Chilipulver nach Bedarf (oder erst auf dem Teller zugeben)
1 EL Gemüsebrühe
½ TL Salz
120 g Wok-Nudeln oder andere Suppennudeln (ca. 3-4 Min. Kochzeit)

TIPP „Stattdessen kann man auch 175 g China-Kohl bzw. Mini Pak Choi (in feine Streifen geschnitten) nehmen."

**4-6 Portionen
25 Min.**

ZUBEREITUNG

Erdnüsse in den Mixtopf geben und 10 Sek./Stufe 10 zerkleinern, umfüllen. Mixtopf spülen.

Das Weiße der Frühlingszwiebeln mit abgezogenen Knoblauchzehen und Ingwer 5 Sek./Stufe 5 zerkleinern. Öl zugeben, 2,5 Min./Varoma/Stufe 1 dünsten.

Paprikaschote in mundgerechte Stücke schneiden, Möhre schälen und würfeln. TK-Brokkoli einmal mit heißem Wasser übergießen. China-Gemüse abtropfen lassen. Gemüse mit Kokosmilch, Wasser und Gewürzen in den Mixtopf geben, 15 Min./100 °C/Linkslauf/Stufe 0,5 kochen. Nudeln und zerkleinerte Erdnüsse zugeben, 4 Min./100 °C/Linkslauf/Stufe 0,5 mitkochen.

Das Grün der Frühlingszwiebeln in Ringe schneiden und die Suppe damit dekorieren. Mit den Gewürzen abschmecken.

BROTSALAT
griechische Art

ZUTATEN

Für den Salat:
1 Fladenbrot (400 g)
6-8 EL Olivenöl
250 g bunte Cocktailtomaten
1 große rote Paprikaschote
1 mittelgroße Gurke
2 rote Zwiebeln
150 g Feta oder veganen Feta-Ersatz
2 Handvoll schwarze Oliven (oder nach Geschmack)

Variante: „Oder glutenfreie Aufbackbrötchen (fertig gebacken) verwenden."

Für das Dressing:
80 g Olivenöl
10 g dunkler Balsamico
10 g Zitronensaft
½ TL Ahornsirup oder Honig
1,5 TL Salz
Pfeffer

ZUBEREITUNG

Fladenbrot halbieren und würfeln. In 2 Portionen mit jeweils ca. 3-4 EL Olivenöl in der Pfanne knusprig braten, umfüllen in eine Salatschüssel.

Cocktailtomaten halbieren, Paprikaschoten würfeln, Gurke vierteln und in mundgerechte Stücke schneiden. Zwiebeln in Ringe schneiden und in der Pfanne in etwas Öl andünsten. Feta zerkrümeln, Oliven in Scheiben schneiden.

Die Zutaten für das Dressing in den Mixtopf geben und **10 Sek./Stufe 5** vermischen.

Alle Zutaten mit dem Dressing vermischen und mindestens 1 Stunde ziehen lassen.

**6-8 Portionen
20 Min. + Ziehzeit**

SALATE

Brokkoli-NUDELSALAT

SALATE

ZUTATEN

Für den Salat:
500 g große, kurze Nudeln (z.B. Rigatoni)
50 g Pinienkerne
250 g Brokkoli-Röschen
2 rote Äpfel
1 Paprikaschote (rot oder gelb)

Für die Salatsoße:
300 g Naturjoghurt oder Soja Skyr
50 g Öl
20 g Weißweinessig
25 g Senf
30 g Honig oder Ahornsirup
1,5 TL Kräutersalz
½ TL Pfeffer

*6 Portionen
20 Min.*

ZUBEREITUNG

Nudeln nach Packungsanweisung kochen, abschrecken und abkühlen lassen. Pinienkerne in der Pfanne ohne Öl anrösten.

Brokkoli-Röschen sowie die Äpfel entkernt und geviertelt in den Mixtopf geben. Die Paprikaschote in Stücken zugeben, alles **6 Sek./Stufe 4** zerkleinern, dann umfüllen.

Die Zutaten für die Soße in den Mixtopf geben und **5 Sek./Stufe 4** vermischen, anschließend nach persönlichem Geschmack abschmecken.

Das Dressing mit allen Zutaten vermischen und servieren.

„Wer den Salat vorbereiten will, der gibt die gekochten Nudeln erst kurz vor dem Servieren dazu."

CAESAR SALAD
„Taco-Style"

SALATE

ZUTATEN

Für das Dressing:
2 Knoblauchzehen
100 g Naturjoghurt oder Soja Skyr
200 g Schmand oder Creme Vega
80 g Mayonnaise oder Salatcreme
20 g Zitronensaft
2 TL Worcestersoße
2 TL Senf
etwas Pfeffer
1 TL Salz

Außerdem:
1 Dose Mais (ca. 230 g Abtropfgewicht)
1 Dose Kidneybohnen (ca. 255 g Abtropfgewicht)
250 g Cocktailtomaten
1 Eisbergsalat
2 Avocados
1 Paprikaschote rot
3 Handvoll Nacho Chips

Für das Fleisch/Ersatzfleisch:
2 Pck. Ersatz für Hähnchen-Fleisch à 180 g
ODER 400 g Ersatzfleisch Hähnchen-Art
nach dem Rezept S. 106
ODER 400 g Hähnchenfilet (in kleine Stücke geschnitten)

6 Portionen — 15 Min.

ZUBEREITUNG

Für die Salatsoße Knoblauchzehen abziehen und im Mixtopf **7 Sek./Stufe 7** zerkleinern. Restliche Zutaten zugeben und **10 Sek./Stufe 4** vermischen.

Mais und Kidneybohnen abtropfen und ggf. abwaschen. Vom Salat die äußeren Blätter entfernen und den Rest in Stücke schneiden und aufgelockert in eine Salatschüssel geben. Tomaten vierteln, Avocado entkernen und das Fruchtfleisch würfeln. Paprikaschoten entkernen und in mundgerechte Stücke schneiden. Alles zum Salat geben.

Fleisch bzw. Ersatzfleisch in der Pfanne braten, ggf. mit Salz und Pfeffer nach Geschmack würzen. Abkühlen lassen, dann zum Salat geben. Die Salatsoße zugeben und vermischen.

Kurz vor dem Servieren die Nacho Chips über dem Salat in der Hand zerbröseln.

Curry
KRAUTSALAT

ZUTATEN

1 großer Kopf Weißkohl (ca. 2kg)
1 EL Salz
2 große Karotten
1 große, dicke Lauchstange
1/2 TL Pfeffer
1 Pck TK-Petersilie (à 40 g)
200 g Mayonnaise oder vegane Salatcreme
100 g Naturjoghurt oder Soja Skyr

5 TL Currypulver
1 TL Zucker
600 g Weintrauben (hell und/oder dunkel)
Salz und Pfeffer

**12 Portionen
15 Min. +
Ziehzeit**

ZUBEREITUNG

Die äußeren Blätter vom Weißkohl entfernen, den Strunk entfernen. Den Kopf in kleine Stücke schneiden und in ca. 4 Portionen nacheinander im Thermomix **7 Sek./Stufe 4** zerkleinern, ggf. Spatel durch die Deckelöffnung stecken. Zerkleinerten Weißkohl in eine große Schüssel füllen. Salz darauf geben und mit den Händen kräftig durchkneten, danach den Salat fest in die Schüssel drücken.

Karotten schälen und in Stücken in den Mixtopf geben, **2 Sek./Stufe 6** zerkleinern, danach auf den Weißkohl geben und fest andrücken.

Lauch waschen und in feine Ringe schneiden, über die Karotten geben und fest andrücken. Pfeffer sowie Petersilie über die Lauch-Ringe streuen.

Anschließend Mayonnaise und Joghurt in den Mixtopf geben, Currypulver und Zucker zugeben und **10 Sek./Stufe 5** vermischen. Zum Salat geben und mit den Händen kräftig verkneten.

Weintrauben halbieren, zugeben und mit Salz und Pfeffer abschmecken.
1 Tag ziehen lassen.

EIN WUNDERBARER PARTYSALAT!

GYROS *Stromboli*

HERZHAFT BACKEN

ZUTATEN

6-12 Portionen
ca. 60 Min. + Gehzeit

Für den Teig:
1 Würfel Hefe,
1 TL Zucker, 300 g Wasser,
400 g Mehl Typ 405, 550
oder 00 (+ Mehl zum Arbeiten),
100 g Hartweizengrieß, 1 TL Salz

Für das Tzatziki:
4 große Knoblauchzehen, 1 Bio-Salatgurke,
250 g Magerquark oder Pflanzenquark,
200 g Schmand oder Creme Vega, 1,5 TL Salz,
etwas Pfeffer

Für das Gyros:
2 Pck Veggie-Gyros-Ersatz à ca. 180 g
ODER 300 g Veggie-Gyros-Ersatz (Rezept S. 108)
ODER 400 g fertig gewürztes Gyrosfleisch, etwas Öl

Außerdem:
1 Paprikaschote (rot oder gelb), 10 Cocktailtomaten,
1 rote Zwiebel, 100 g geriebener Käse oder Käse-Ersatz,
1 Ei oder etwas Pflanzenmilch zum Bestreichen,
weißer Sesam zum Bestreuen

ZUBEREITUNG

Hefe, Zucker und Wasser in den Mixtopf geben und 2 Min./37 °C/Stufe 1 erwärmen. Mehl, Hartweizengrieß und Salz zugeben, 3 Min./Teigstufe kneten. Weiteres Mehl durch die Deckelöffnung rieseln lassen, bis sich der Teig von allein vom Mixtopfrand löst, er sollte nicht zu stark kleben. Aus dem Mixtopf nehmen und ca. 1 Stunde abgedeckt gehen lassen.

Für das Tzatziki den Knoblauch abziehen und die Gurke entkernen, in den Mixtopf geben und 5 Sek./Stufe 5 zerkleinern. Restliche Zutaten zugeben und 15 Sek./Linkslauf/Stufe 2 vermischen.

Gyros in der Pfanne in etwas Öl braten.

Teig auf Backblechgröße auf Backpapier ausrollen und auf das Backblech ziehen.

Etwas Tzatziki auf das mittlere Drittel streichen, Gyros darauf geben, Paprikaschote in mundgerechten Stücken, Cocktailtomaten geviertelt und rote Zwiebel in Ringen darauf geben. Mit Käse bestreuen.

Mit einem scharfen Messer oder Pizzaroller nun die nicht belegten Seiten einschneiden, sodass ca. 3 cm breite Streifen entstehen. Diese Streifen nun abwechselnd über die belegte Mitte legen. Das Ende festdrücken.

Das Ei verquirlen bzw. Pflanzenmilch nehmen und die Teigoberfläche damit bestreichen. Mit Sesam bestreuen.

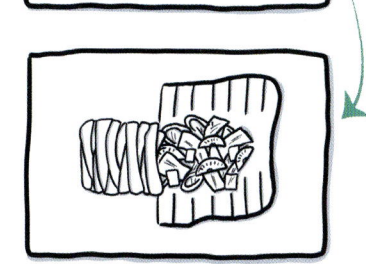

Den Backofen auf 200 °C Ober-/Unterhitze oder 180 °C Umluft vorheizen. Ca. 20-30 Min. backen, bis die Oberfläche schön gebräunt ist.

Das Tzatziki dazu reichen.

FLAMMKUCHEN
Fladenbrot

HERZHAFT BACKEN

ZUTATEN

1 Fladenbrot
oder 400 g glutenfreie Aufbackbrötchen
60 g Käse (z.B. Gouda oder
Wilmersburger würzig bzw. Simply V)
150 g Schmand oder Creme Vega
150 g Crème fraîche oder Creme Vega
½ TL Salz
¼ TL Pfeffer
50 g vegetarische Mini-Salami
2 kleine rote Zwiebeln
1 EL Schnittlauchröllchen

TIPP

„Oder Speckwürfel bzw. gewürfelten Räuchertofu verwenden."

**4 Portionen
20 Min.**

ZUBEREITUNG

Käse in den Mixtopf geben und 10 Sek./Stufe 6 zerkleinern. Schmand, Crème fraîche bzw. Creme Vega sowie Salz und Pfeffer zugeben, 20 Sek./Stufe 4 vermischen. Mini-Salami würfeln. Zwiebeln in Ringe schneiden.

Fladenbrot bzw. Aufbackbrötchen in der Mitte durchschneiden, die Hälften mit der Creme bestreichen, Salamiwürfel sowie die Zwiebelringe darauf geben.

Backofen auf 250 °C Ober-/Unterhitze vorheizen und Fladenbrot- bzw. Brötchenhälften ca. 8 - 12 Min. backen, bis sie schön kross sind. Mit Schnittlauchröllchen bestreut servieren.

HOT DOG RING

HERZHAFT BACKEN

ZUTATEN

Für den Teig:
1 Würfel Hefe, 1 TL Zucker, 300 g Wasser,
400 g Mehl Typ 405, 550 oder 00 (+ Mehl zum Arbeiten),
100 g Hartweizengrieß, 1 TL Salz

Für die Hot Dog Soße:
1 Zwiebel, 3 kleine saure Gurken, 100 g Mayonnaise oder vegane Salatcreme, 150 g Schmand oder Creme Vega, 2 TL Senf, 2 TL Currypulver, ¼ TL Salz, etwas Pfeffer

Für die Würstchen:
3-4 Wiener Würstchen, ca. 160 g (regulär, vegetarisch oder aus Tofu)

Außerdem:
5 EL Ketchup, 50 g saure Gurken, 2-3 EL Röstzwiebeln
50 g geriebenen Käse, 1 Ei oder etwas Pflanzenmilch

ZUBEREITUNG

Hefe, Zucker und Wasser in den Mixtopf geben und 2 Min./37 °C/Stufe 1 erwärmen. Mehl, Hartweizengrieß und Salz zugeben, 3 Min./Teigstufe kneten. Weiteres Mehl durch die Deckelöffnung rieseln lassen, bis sich der Teig von allein vom Mixtopfrand löst, er sollte nicht zu stark kleben. Aus dem Mixtopf nehmen und ca. 1 Stunde abgedeckt gehen lassen.

Für die Soße die Zwiebel abziehen und mit den sauren Gurken in den Mixtopf geben. 5 Sek./Stufe 5 zerkleinern. Restliche Zutaten für die Soße zugeben, 10 Sek./Stufe 4 vermischen.

Den aufgegangenen Teig rund auf ca. 40 cm Durchmesser ausrollen und in 12 Torten-Stücke schneiden.

Ein Backpapier bereitlegen und die 12 Stücke nun im Kreis, aber mit der Spitze nach außen auf das Backpapier legen. Die Dreiecke sollen überlappend gelegt werden und einen Innenkreis von ca. 10 cm Durchmesser bilden (Bild 1). Die Spitzen zeigen über das Backpapier, es sieht erstmal aus wie eine Sonne. Die überlappenden Flächen nun flach drücken, ggf. mit einer kleinen Teigrolle, dies wird die Belagfläche (Bild 2).

Auf die Belagfläche nun etwas Hot Dog Soße streichen. Würstchen und Gurken in Scheiben schneiden und darauf verteilen. Ketchup in kleinen Klecksen darauf geben. Röstzwiebeln und geriebenen Käse darüber streuen. Die Teigspitzen jetzt über die Füllung nach innen zur Kreismitte legen und unter den Teigring klappen (Bild 3). Mit einem verquirlten Ei oder Pflanzenmilch bestreichen.

Den Backofen auf 200 °C Ober-/Unterhitze oder 180 °C Umluft vorheizen. Ca. 20-30 Min. backen, bis die Oberfläche schön gebräunt ist.

Hot Dog Soße in eine Schale füllen und dazu servieren.

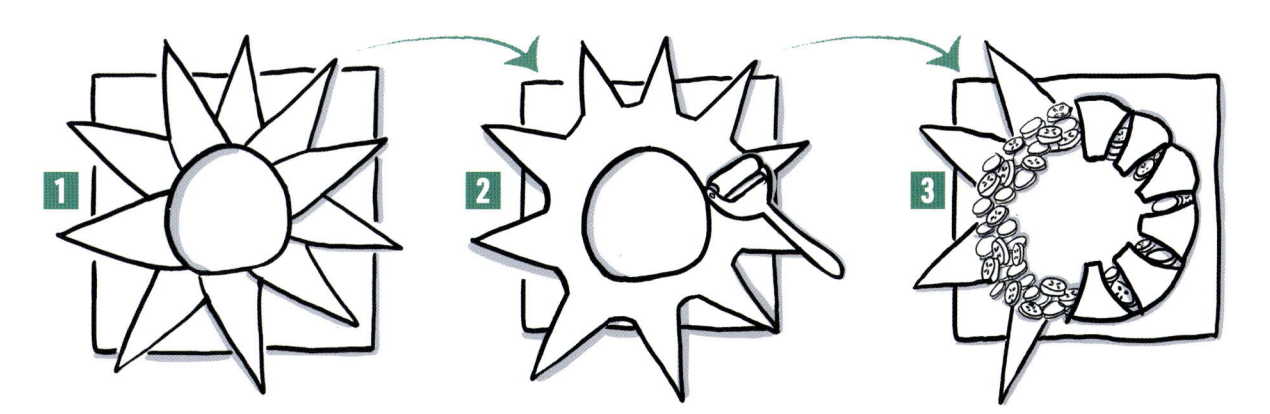

6-12 Portionen ca. 60 Min. + Gehzeit

CHEESEBURGER *Pizza*

HERZHAFT BACKEN

ZUTATEN

2-4 Portionen ca. 60 Min. + Gehzeit

Für den Teig:
1/2 Würfel Hefe, ½ TL Zucker,
150 g Wasser, 200 g Mehl Typ 405,
550 oder 00 (+ Mehl zum Arbeiten),
50 g Hartweizengrieß, 1 TL Salz

Für das Hack:
2 Pck Veggie-Hackersatz à 180 g ODER
300 g Kidneybohnen-Hackersatz mit kernigen
Haferflocken (Rezept S. 104) ODER 300 g echtes
Hackfleisch, Salz und Pfeffer

Für die Burger Soße:
120 g Mayonnaise oder vegane Salatcreme,
120 g Ketchup, 30 g Senf

Außerdem:
6 Cocktailtomaten, 2 Gewürzgurken,
150 g geriebenen Käse oder Käse-Ersatz,
ca. 150 g Gouda am Stück für den Rand,
1 Ei oder Pflanzenmilch,
weißer Sesam zum Bestreuen

TIPP: „Veganer legen vegane Käsescheiben aufeinander und schneiden den Stapel in Streifen"

ZUBEREITUNG

Hefe, Zucker und Wasser in den Mixtopf geben und 2 Min./37 °C/Stufe 1 erwärmen. Mehl, Hartweizengrieß und Salz zugeben, 3 Min./Teigstufe kneten. Weiteres Mehl durch die Deckelöffnung rieseln lassen, bis sich der Teig von allein vom Mixtopfrand löst, er sollte nicht zu stark kleben. Aus dem Mixtopf nehmen und ca. 1 Stunde abgedeckt gehen lassen.

Währenddessen die Zutaten für die Soße in den Mixtopf geben und 10 Sek./Stufe 5 vermischen.

Cocktailtomaten und Gewürzgurken in Scheiben schneiden. Den Käse am Stück für den Pizzarand in dicke Streifen schneiden. Das Hack in der Pfanne braten und nach Geschmack mit Salz und Pfeffer würzen.

Den Teig dünn auf einer bemehlten Fläche ausrollen, entweder als 2 runde Pizzen oder 1 Blech. Den ausgerollten Teig auf Backpapier legen. Die Käsestreifen für den Rand nun am Rand auslegen und den Pizzateig nach innen darüber klappen und etwas festdrücken. Die Pizza mit dem Backpapier auf das Blech ziehen. Ca. 4-5 EL der Soße auf dem Teig verteilen. Das Hack darauf verteilen, Tomaten und Gewürzgurken darauf geben. Käse darüber streuen. Den Rand mit etwas Milch oder einem verquirlten Ei bestreichen und mit Sesam bestreuen.

Den Ofen auf 240 °C - 250 °C Ober-/Unterhitze vorheizen und die Pizza auf der untersten Schiene jeweils für ca. 10-15 Min. backen, bis sie eine schöne Bräunung hat.

Die Pizza mit der restlichen Burger Soße servieren.

AFFEN-*Creme*

ZUTATEN

400 g Schlagsahne oder pflanzliche Schlagsahne
100 g Zartbitterschokolade
1 TL Vanillepaste
oder 1 Pck. Vanillezucker

300 g Vanillejoghurt
oder Vanille-Sojajoghurt
2-3 Bananen
n.B. Chocolate Chunks (Backabteilung)
n. B. Schoko-Dessertsoße

ZUBEREITUNG

200 g Sahne mit Zartbitterschokolade in Stücken in den Mixtopf geben und **6 Min./60 °C/Stufe 1** schmelzen. Umfüllen und über Nacht in den Kühlschrank stellen.

Am nächsten Tag 200 g Sahne mit Vanillepaste oder -zucker steif schlagen, entweder **mit Schmetterling auf Stufe 3,5 oder ohne Schmetterling auf Stufe 10**. Vanillejoghurt mit dem Spatel unterrühren, umfüllen.

Schokosahne aus dem Kühlschrank holen, steifschlagen, entweder **mit Schmetterling auf Stufe 3,5 oder ohne Schmetterling auf Stufe 10**.

Bananen in Scheiben schneiden und bis auf ein paar Scheiben zur Deko in 6 Dessertgläser füllen. Vanillecreme darauf geben, danach die Schokosahne. Die restlichen Bananenscheiben in die Creme stecken, ein paar Chocolate Chunks darüber streuen und mit etwas Schoko-Dessertsoße begießen.

**6 Portionen
15 Min. +
Ruhezeit über Nacht**

KOKOS-TRAUM
mit Himbeeren & weißer Schokolade

DESSERTS

ZUTATEN

1 Dose Kokosmilch (400 ml)
200 g weiße Schokolade
300 g Kokosraspel
+ Kokosraspel zur Deko
600 g Naturjoghurt oder Soja Skyr
300 g Himbeeren
Weiße Schokoraspel zur Deko

Variante
„Statt Himbeeren einfach gewürfelte Erdbeeren oder Ananasstücke verwenden!"

ZUBEREITUNG

Kokosmilch und Schokolade in Stücken in den Mixtopf geben, 5 Min./50 °C/Stufe 2 schmelzen. Kokosraspel zugeben, 30 Sek./Stufe 10 mixen. Joghurt mit dem Spatel unterrühren und über Nacht in den Kühlschrank stellen. Kurz vor dem Servieren die Kokos-Creme in die Gläser füllen und die Himbeeren drauf geben. Mit Kokos- und Schokoraspeln bestreut servieren.

8 Portionen
10 Min. + Abkühlzeit

KIRSCHGRÜTZE
mit Vanillesoße

LÄSST SICH SUPER VORBEREITEN!

ZUTATEN

Für die Kirschgrütze:
2 Gläser Schattenmorellen (à 680 g)
150 g gemischte TK-Beeren
1 Pck. Vanillepuddingpulver (zum Kochen)
60 g Zucker

Für die Vanillesoße:
300 g Milch oder Pflanzenmilch
10 g Speisestärke
1 TL Vanillepaste oder 1 Pck. Vanillezucker
1 Eigelb (oder vegan: 10 g Speisestärke)
30 g Zucker

TIPP: „Im Sommer ca. 1 kg frische Kirschen verwenden."

ZUBEREITUNG

8 Portionen ca. 30 Min. + Abkühlzeit

Gareinsatz in den Mixtopf hängen, Kirschen hineinfüllen und abtropfen lassen. Kirschsaft umfüllen, Gareinsatz zur Seite stellen.

150 g aufgefangenen Kirschsaft sowie die gefrorenen Beeren in den Mixtopf geben, 5 Min./100 °C/Linkslauf/Stufe 1 erhitzen.

Vanillepuddingpulver in 50 g aufgefangenem Kirschsaft glattrühren und mit dem Zucker ebenfalls in den Mixtopf geben, 4 Min./100 °C/Linkslauf/Stufe 1 kochen. Die Kirschen aus dem Gareinsatz in den Mixtopf geben und mit dem Spatel untermischen. Umfüllen und abkühlen lassen.

Für die Vanillesoße alle Zutaten in den sauberen Mixtopf geben und 7 Min. (ohne Eigelb 10 Min.)/90 °C/Stufe 3 erhitzen. Die Vanillesoße umfüllen, abkühlen lassen.

In Dessertgläser einschichten und bis zum Servieren in den Kühlschrank stellen.

ZITRONEN-WAFFEL-
Dessert

DESSERTS

ZUTATEN

200 g Zitronenwaffeln von Manner
750 g Magerquark
oder Soja Skyr bzw. pflanzl. Quark
150 g Naturjoghurt oder Sojajoghurt
bzw. pflanzl. Joghurt
40 g Zucker
1 TL Vanillepaste
oder 1 Pck. Vanillezucker
Zitronenscheiben zur Dekoration

Variante: „Stattdessen Schoko-Haselnuss-Waffeln verwenden und mit Schokostücken bestreut servieren"

ZUBEREITUNG

**6 Portionen
10 Min.**

Zitronenwaffeln in den Mixtopf geben und 5 Sek./Stufe 4 zerkleinern, umfüllen.

Restliche Zutaten in den Mixtopf geben und 20 Sek./Stufe 2,5 mischen.

Den Quark und die Zitronenwaffeln in Dessertgläsern schichten, ggf. mit Zitronenscheiben dekorieren und servieren.

„Das Dessert sollte bis zum Servieren nicht zu lange stehen, die Waffeln ziehen sonst zu viel Feuchtigkeit und wirken zu fest."

Salzbrezel KÄSEKUCHEN

KUCHEN

ZUTATEN

Für den Boden:
100 g Salzbrezeln oder glutenfreie Salzstangen
250 g kalte Butter oder Margarine (Alsan)
150 g Zucker
1 Ei oder 30 g kaltes Wasser
350 g Mehl (Type 405, 550, 630 oder glutenfreie Mischung)
1 Pck. Vanillezucker
1 Pck. Backpulver

TIPP: „Oder 40 g Speisestärke + etwas Vanillepaste verwenden."

1 Pck Sahnepuddingpulver oder Vanillepuddingpulver (zum Kochen)
20 g Zitronensaft

Für den Belag:
200 g Zucker
1 kg Magerquark oder Soja Skyr
200 g Schmand oder Creme Vega
1 Ei oder 30 g Sojamilch

Für das Topping:
120 g Schlagsahne, Kochsahne oder Sojacuisine
1 Würfel Kokosfett (Palmin, ca. 20 g)
200 g Zartbitterschokolade
100 g Salzbrezeln

20 Stücke ca. 60 Min. + Abkühlzeit

ZUBEREITUNG

Backofen auf 180 °C Ober-/Unterhitze vorheizen.

Für den Boden Salzbrezeln in den Mixtopf geben und **5 Sek./Stufe 5** zerkleinern. Restliche Zutaten für den Teig zugeben und **20 Sek./Stufe 5** vermischen, ggf. vom Rand schieben. Masse auf 1 Backblech (ca. 28 x 38 cm) mit Backpapier geben, fest drücken.

Die Zutaten für den Belag in den Mixtopf geben und **50 Sek./Stufe 5** vermischen, ggf. vom Rand schieben. Masse auf den Boden geben und 30-35 Min. backen, abkühlen lassen.

Für das Topping Sahne und Kokosfett in den Mixtopf geben, **2 Min./70 °C/Stufe 1** erhitzen. Anschließend die Schokolade in Stücken zugeben, **2 Min./50 °C/Stufe 1** schmelzen. Schokolade auf den Kuchen geben. Abkühlen lassen. Am besten über Nacht, dann ist die Quarkmasse schnittfest.

Erst kurz vor dem Servieren weitere 100 g Salzbrezeln grob zerbröseln und in die Schokolade drücken, damit diese nicht zu weich werden.

ZIMTSCHNECKEN-KRANZ
mit Frosting

KUCHEN

ZUTATEN

Für den Teig:
½ Würfel Hefe, 250 g Milch oder Pflanzenmilch, 75 g Butter oder Margarine, 80 g Zucker, 1/2 TL Zimt, 500 g Mehl (Type 405 oder 550)

Für die Zimt-Zucker-Butter:
100 g weiche Butter oder Margarine, 140 g brauner Zucker, 3 TL Zimt

Für das Frosting:
60 g Puderzucker, 40 g weiche Butter oder Margarine, 80 g Frischkäse oder Creme Vega

„Oder Dinkelmehl Type 630 verwenden." **Variante**

12 Portionen ca. 60 Min. + Gehzeit

ZUBEREITUNG

Hefe mit Milch und Butter in den Mixtopf geben, **5 Min./37 °C/Stufe 1** erwärmen. Zucker sowie Zimt und Mehl zugeben, **3 Min./Teigstufe** kneten. Teig aus dem Mixtopf nehmen und abgedeckt **ca. 1 Stunde** gehen lassen.

Für die Zimt-Zucker-Butter die Zutaten **20 Sek./Stufe 4** vermischen, an einem warmen Ort stehen lassen, damit sie nicht fest wird.

Teig auf eine 40 x 60 cm bemehlte Fläche ausrollen. Butter in kleinen Haufen auf den Teig geben. Ein Messer in heißes Wasser tauchen, dann damit die Butter verstreichen.

Den Teig von der langen Seite her aufrollen. Jetzt nicht wie üblich bei Zimtschnecken in Scheiben schneiden, sondern die Rolle längs halbieren.

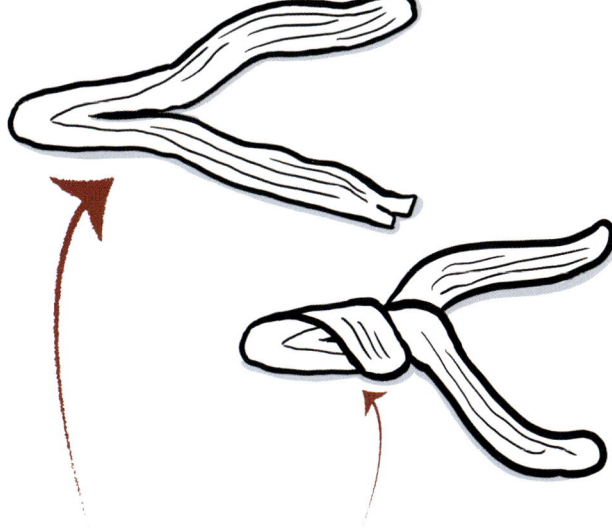

Die zwei Stränge jetzt umeinander wickeln – am besten mit den Streifen nach oben. Zu einem Kranz legen und die Enden zusammendrücken. Den Kranz auf ein mit Backpapier belegtes Backblech legen.

Backofen auf 180 °C Ober-/Unterhitze vorheizen und den Kranz **ca. 35 Min.** backen, bis die Oberfläche schön braun ist. Danach etwas abkühlen lassen.

Währenddessen das Frosting vorbereiten. Alle Zutaten dafür in den Mixtopf geben und **20 Sek./Stufe 4** vermischen, ggf. vom Rand schieben.

Den noch warmen Kranz damit bestreichen. Das übrige Frosting als Dip dazu reichen.

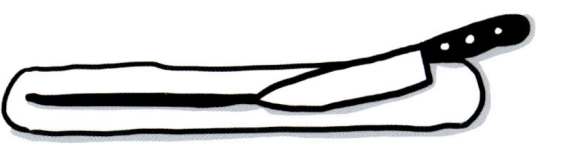

Schoko-MANDELKUCHEN

PERFEKTE RESTEVERWERTUNG FÜR EIWEISS BEI EIERLIKÖR!

ZUTATEN

Für das Eiweiß:
6-8 Eiweiß
1 Prise Salz

Für die vegane Eiweiß-Alternative:
6 TL My Ey (Eiweiß-Pulver)
150 g Wasser

Für den Teig:
200 g gemahlene Mandeln
100 g Mehl (Type 405, 550, 630 oder glutenfreie Mischung)
180 g Zucker
60 g Öl
50 g Backkakao
1 Pck Backpulver
250 g Mineralwasser mit Kohlensäure
200 g Chocolate Chunks (Backabteilung)

Für das Topping:
200 g Zartbitterschokolade
1 Würfel Kokosfett (Palmin, ca. 20 g)
70 g gehackte Mandeln

„Haselnüsse gehen natürlich auch!" **TIPP**

„Die vegane Version bleibt flacher und wird eher wie ein Brownie!"

12 Stücke ca. 60 Min. + Abkühlzeit

ZUBEREITUNG

Backofen auf 200 °C Ober-/Unterhitze vorheizen.

Schmetterling einsetzen. Die Zutaten für das Eiweiß bzw. Eiweißalternative in den Mixtopf geben. **3 Min./Stufe 3,5** aufschlagen, umfüllen.

Alle Zutaten für den Teig, bis auf die Chocolate Chunks, in den Mixtopf geben und **40 Sek./Stufe 4** vermischen, ggf. vom Rand schieben. Eiweiß bzw. Eiweißersatz sowie Chocolate Chunks mit dem Spatel unterheben.

Eine 26er Springform mit Backpapier bespannen, Rand einfetten, Masse einfüllen. **40 Min. (bzw. vegane Version 50 Min.)** backen.

Die Zutaten für das Topping in den Mixtopf geben, **6 Min./60 °C/Stufe 1** schmelzen. Gehackte Mandeln mit dem Spatel unterheben, dann auf dem Kuchen verstreichen und fest werden lassen.

Schnelle APFEL- & KIRSCHTASCHEN

KUCHEN

ZUTATEN

Für die Kirschtaschen:
1 Glas Kirschen à 680 g
50 g Zucker
50 g Speisestärke
1 Pck. Vanillezucker

Für die Apfeltaschen:
4 säuerliche Äpfel (ca. 600g)
100 g Wasser
50 g Zucker
25 g Zitronensaft
1 Pck. Vanillezucker
50 g Speisestärke
¼ TL Zimt oder mehr

Außerdem:
2 Rollen Blätterteig aus dem Kühlregal
(pro Sorte 1 Rolle)
2 Eigelb (pro Sorte 1 Ei) oder etwas Milch

TIPP
„Wer die Blätterteigtaschen einfrieren möchte, friert sie nach ca. 12 Min. Backzeit ein. Zum Auftauen dann einfach bei 200 °C Ober-/Unterhitze für 5-8 Minuten zu Ende backen."

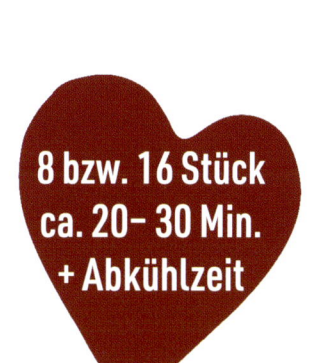

**8 bzw. 16 Stück
ca. 20-30 Min.
+ Abkühlzeit**

ZUBEREITUNG

Kirsch-Füllung:
Gareinsatz einhängen, Kirschen einfüllen und gut abtropfen lassen. Kirschsaft im Mixtopf lassen, Gareinsatz rausnehmen. Zucker, Speisestärke und Vanillezucker zugeben, **5 Sek./Stufe 5** vermischen, danach **7 Min./100 °C/Stufe 1** aufkochen. Die Kirschen aus dem Gareinsatz zugeben und mit dem Spatel unterrühren. Die Füllung etwas abkühlen lassen, dann weiterverarbeiten.

Apfel-Füllung:
Alle Zutaten, bis auf die Äpfel, in den Mixtopf geben, **5 Sek./Stufe 5** vermischen. Äpfel schälen, Kerngehäuse entfernen, achteln und zugeben, **2 Sek./Stufe 4** zerkleinern, dann **10 Min./100 °C/Stufe 1** erhitzen. Die Füllung etwas abkühlen lassen, dann weiterverarbeiten.

Blätterteig-Taschen füllen und backen:
Die Blätterteigrollen in jeweils 8 Teile schneiden, die Füllung jeweils auf die Hälfte geben, überklappen und mit einer Gabel festdrücken. Mit Milch oder Eigelb bestreichen. 3 x oben mit einem Messer einschneiden. **15-20 Min.** backen, ggf. nacheinander, wenn man beide Sorten backt.

HACKERSATZ
aus Kidneybohnen

FLEISCHERSATZ

ZUTATEN

1 Zwiebel
1 Knoblauchzehe
1 Dose Kidneybohnen (255 g Abtropfgewicht)
80 g Haferflocken (zarte bzw. kernige)
15 g Sojasoße
etwas Pfeffer

Kernige Haferflocken bei Hackersatz für Soßen, Suppen und Nudelgerichte
Zarte Haferflocken bei Hackersatz für alles andere (z.B. Cheeseburger Pizza)

300 g
10–15 Min.

ZUBEREITUNG

Zwiebel und Knoblauch abziehen und in Stücken in den Mixtopf geben, 5 Sek./Stufe 5 zerkleinern. Kidneybohnen in ein Sieb geben, kurz abwaschen, abtropfen lassen und in den Mixtopf geben. Haferflocken sowie Sojasoße und etwas Salz und Pfeffer zugeben. 15 Sek./Stufe 4 (mit zarten Haferflocken) zerkleinern bzw. 10 Sek./Stufe 6 (mit kernigen Haferflocken).

Öl in einer Pfanne erhitzen und die Masse reingeben. Gut anbraten und mit dem Pfannenwender immer wenden und klein machen, bis es alles angebraten ist und krümelig wie Hackfleisch aussieht. Je nach Größe der Pfanne und Temperatur dauert es mehr oder weniger lang.

TIPP
„Den fertigen und abgekühlten Hackersatz auf Vorrat zu ca. 2 Portionen à 150 g einfrieren. Zum Verwenden über Nacht auftauen und kurz in der Pfanne erwärmen."

FLEISCHERSATZ
Hähnchen Art

ZUTATEN

**Ca. 800 g
80 Min.**

Für den Fleischersatz:
270 g Glutenpulver
(Seitanpulver oder Seitanfix),
200 g Naturtofu, 400 g Wasser,
3 TL Brathähnchensalz,
3,5 TL Paprikapulver edelsüß,
1,5 TL Zwiebelpulver,
½ TL Rosmarinpulver, 70 g Öl

Zum Dämpfen:
1000 g Wasser

„Zu 200 g Portionen auf Vorrat einfrieren. Vor der Verwendung über Nacht auftauen lassen und nochmal kurz in der Pfanne aufwärmen."

TIPP

ZUBEREITUNG

Alle Zutaten für den Fleischersatz in den Mixtopf geben und **20 Sek./Stufe 5** vermischen. Anschließend mit den Händen nochmal einige Minuten kräftig durchkneten.

Die Masse zu 3-4 Würsten formen und in Alufolie oder sehr fest in ein Geschirrhandtuch einwickeln, die Enden dabei schön verzwirbeln bzw. verbinden, sodass es kompakte, feste Würste werden, die sich nicht aufblähen können beim Dämpfen. Diese in den Varomabehälter und auf den Einlegeboden legen. Den Einlegeboden ggf. mit einem Tortenring erhöhen, damit der Deckel schließt.

Wasser zum Dämpfen in den Mixtopf füllen. Deckel schließen, Varoma aufsetzen, **60 Min./Varoma/Stufe 1** dämpfen.

Die Würste etwas abkühlen lassen, auswickeln, Würste längs halbieren oder vierteln und in feine Filets oder Streifen schneiden.

In der Pfanne in Öl anbraten, dabei immer wenden. Ggf. beim Braten noch nachwürzen.

FLEISCHERSATZ
für Gyros

FLEISCHERSATZ

ZUTATEN

Für den Fleischersatz:
330 g Glutenpulver (Seitanpulver oder Seitanfix), 140 g Naturtofu, 400 g Wasser, 3,5 TL Gyrosgewürz, 2,5 TL Zwiebelpulver, 1,5 TL Knoblauchpulver
1,5 TL Paprikapulver edelsüß
2,5 TL Bohnenkraut (getrocknet)
½ TL Kreuzkümmel,
70 g Öl

Zum Dämpfen:
1000 g Wasser

Ca. 800 g
80 Min.

ZUBEREITUNG

Alle Zutaten für den Fleischersatz in den Mixtopf geben und 20 Sek./Stufe 5 vermischen. Anschließend mit den Händen nochmal einige Minuten kräftig durchkneten.

Die Masse zu 3-4 Würsten formen und in Alufolie oder sehr fest in ein Geschirrhandtuch einwickeln, die Enden dabei schön verzwirbeln bzw. verbinden, sodass es kompakte feste Würste werden. Diese in den Varomabehälter und auf den Einlegeboden legen. Den Einlegeboden ggf. mit einem Tortenring erhöhen, damit der Deckel schließt.

Wasser zum Dämpfen in den Mixtopf füllen. Deckel schließen, Varoma aufsetzen, 60 Min./Varoma/Stufe 1 dämpfen.

Die Würste etwas abkühlen lassen, auswickeln, Würste längs halbieren oder vierteln und in feine Filets oder Streifen schneiden.

In der Pfanne in Öl braten, dabei immer wenden, auf Wunsch nachwürzen. Ggf. portionsweise nach dem Braten einfrieren.

„Die Masse darf keine Möglichkeit haben, sich aufzublähen, dann wirkt der Fleischersatz zu zäh!"

VEGGIE-BRATWURST
selbst gemacht

FLEISCHERSATZ

ZUTATEN

Für die Würstchen:
200 g Glutenpulver (Seitanpulver oder Seitanfix),
150 g Tofu, 50 g Öl, 300 g Wasser,
1 TL Gemüsebrühepulver oder -paste, 1 TL Majoran,
½ TL Muskat, 2 TL Zwiebelpulver, 1 TL Knoblauchpulver,
etwas Chilipulver, 2 TL Salz, ¼ TL Pfeffer

Zum Dämpfen:
1000 g Wasser

TIPP
„Wer die Würstchen auf den Grill legen möchte, der sollte sie gut einölen und auch zwischendurch mit Öl einpinseln, damit sie nicht trocken werden."

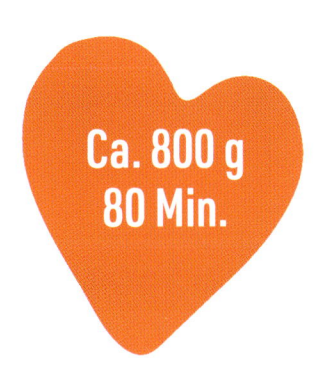

ZUBEREITUNG

**Ca. 800 g
80 Min.**

Alle Zutaten für die Würstchen in den Mixtopf geben und 20 Sek./Stufe 5 vermischen.

Den klebrigen Teig in ca. 20 Teile teilen. Hieraus dünne Würstchen formen. Diese lang und eng in Alufollie wickeln, die Enden verzwirbeln, sodass nichts mehr verrutscht. Dadurch werden die Würstchen automatisch wieder etwas kürzer und dicker.

Wasser zum Dämpfen in den Mixtopf geben.

Die fest eingewickelten Würste im Varomabehälter und auf dem Einlegeboden verteilen. Mixtopf schließen, Varoma aufsetzen, 60 Min./Varoma/Stufe 1 dämpfen.

Anschließend auswickeln und in der Pfanne ggf. in Scheiben in Öl braten.

„Wenn die Würste gedämpft werden, bläht sich die Masse auf – wenn sie nicht fest aufgewickelt wurden, werden sie entsprechend dick und die Konsistenz wirkt zäh!"

DAS ALLES GIBT'S *von Amelie*

mix dich GLÜCKLICH

Über 1500 kostenlose Rezepte aus allen Bereichen für den Thermomix® online auf **www.mix-dich-gluecklich.de** – täglich werden es mehr!

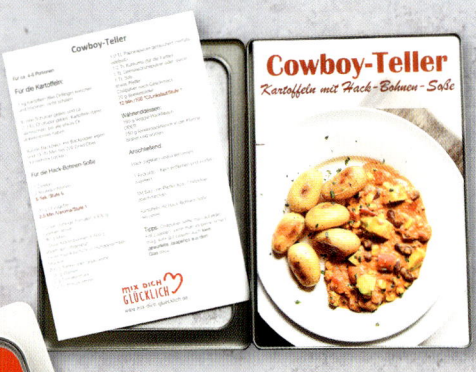

Rezeptbox Hauptgerichte

Über 40 Rezeptkarten mit Hauptgerichten für die ganze Familie
Vorderseite: Rezeptbild
Rückseite: Rezepttext

12,90 €

In einer hochwertigen Scharnierdeckel-Box

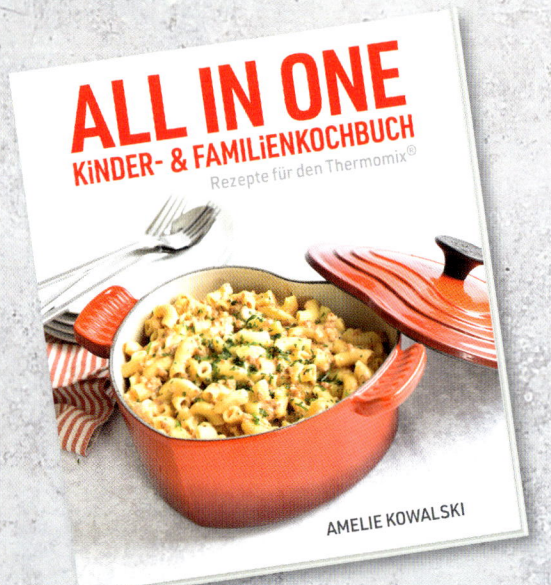

ALL IN ONE
Kinder- und Familienkochbuch

Über 50 familientaugliche Rezepte für den Thermomix®

16,90 €

116 Seiten

SCHON GEWUSST

MIX DICH GLÜCKLICH
ALS KOSTENLOSE „APP"
https://www.mix-dich-gluecklich.de/mix-dich-gluecklich-app/

Magnetset mit 7 Wochentagen
zum Pinnen der Rezeptkarten an den Kühlschrank, z.B. als Wochenplan
4,90 €

Rezeptbox Non Food
Über 40 Rezeptkarten mit Non Food Rezepten (Kosmetik, Wellness, Putzmittel, Hausmittel bei Krankheiten)
Vorderseite: Rezeptbild, Rückseite: Rezepttext
12,90 €
In einer hochwertigen Scharnierdeckel-Box

SOCIAL MEDIA
FACEBOOK: https://www.facebook.com/mixdichgluecklich/
INSTAGRAM: https://www.instagram.com/mixdichgluecklich/
PINTEREST: https://www.pinterest.de/ameliekowalski/

IMPRESSUM

Amelie Kowalski
Blenhorster Straße 101
31613 Wietzen
info@mix-dich-gluecklich.de
www.mix-dich-gluecklich.de

©2021 Amelie Kowalski

Alle Rechte vorbehalten. Eine Vervielfältigung, Aufzeichnung, Speicherung oder Übertragung dieses Werks oder Teile daraus, ob elektronisch oder mechanisch, ist ohne ausdrückliche Zustimmung der Herausgeberin nicht gestattet. Dies gilt auch für das Einstellen der Rezepte im Internet auf diversen Rezept-Plattformen, Social Media Gruppen, Blogs etc.. Verwendete Markennamen sind rechtlich geschützt und werden nur verwendet, soweit sie Bestandteil der Rezepte sind.

Alle Rezepte wurden nach bestem Wissen und Gewissen verfasst. Die Herausgeberin trägt keine Verantwortung für ungewollte Reaktionen oder Beeinträchtigungen, die aus der Verarbeitung der Zutaten entstehen. „Thermomix" ist eine rechtlich geschützte Marke und wird nur als Bestandteil der Rezepte verwendet. Es wird keine Haftung für Schäden übernommen, die bei der Zubereitung der Gerichte sowie deren Verwendung entstehen, weder an Personen noch an Küchenmaschinen. Eltern werden durch das Kochbuch nicht von ihrer Aufsichtspflicht entbunden. Beachten Sie stets die Anwendungshinweise der Gebrauchsanleitung Ihrer Küchenmaschine.

Rezepte: Amelie Kowalski
Fotos: ©Amelie Kowalski
Titelbild:©Amelie Kowalski
Illustration (Shutterstock 756077755):
@Litvinova Elena Sergeevna

Sketchnotes: ©Manja Kläwer (StiftMarkerPapier)
Grafik/Herstellung: Angelika Wünscher
Druck/Bindung: bonitasprint GmbH, 92224 Amberg

Printprodukt
www.natureoffice.com/DE-204-KYVDRF1
klimaneutral
durch CO2-Ausgleich

ISBN 978-3-00-069359-5

2. Auflage 2021

Der neuste Trend, der begeistert!

DO EASY – das perfekte Reinigungstuch.

30 TAGE GELD-ZURÜCK-GARANTIE

DO EASY
blitzblank und streifenfrei

- Reinigt nur mit Wasser
- Streifenfrei innerhalb von Minuten
- Perfekt für Fenster, Spiegel, Armaturen, Hochglanzküchen etc.
- bis 60 Grad waschbar

Kundenstimme:
„Unglaublich, ich habe die Tücher bekommen und konnte nicht mehr aufhören zu putzen! Die Fenster, die Spiegel, die Armaturen, der Fernseher, dann meine komplette Küche. Ich habe jede Oberfläche ausprobiert. Einmal drüber gewischt und alles sieht aus wie neu! Das DO EASY gebe ich nicht wieder her!"
Bettina W., Bürokauffrau, Stuttgart

Nur online erhältlich über www.do-easy-tuch.de